Über die Autorin:
Constanze Köpp, geboren 1969, Gründerin der »Wohnkosmetik«, ist als Autorin und freie Journalistin tätig. Sie lebt mit ihren zwei Töchtern in Hamburg. 2014 ist bei Knaur ihr Publikumserfolg *Aufgeräumt leben* erschienen.

Constanze Köpp

Aufgeräumt denken

Nur wer den Kopf frei hat,
kann Neues entdecken

Besuchen Sie uns im Internet:
www.knaur.de

Originalausgabe Januar 2017
Knaur Taschenbuch
© 2017 Knaur Verlag
Ein Imprint der Verlagsgruppe
Droemer Knaur GmbH & Co. KG, München
Alle Rechte vorbehalten. Das Werk darf – auch teilweise – nur mit
Genehmigung des Verlags wiedergegeben werden.
Covergestaltung: ZERO Werbeagentur GmbH, München
Coverabbildung: GettyImages / Chris Ryan;
FinePic®, München / shutterstock
Satz: Adobe InDesign im Verlag
Druck und Bindung: CPI books GmbH, Leck
ISBN 978-3-426-78838-7

2 4 5 3 1

Inhalt

Vorwort 9

Neuanfänge 11
Vom Glück des Neuanfangs 11
Bedürfnisse und Lebensziele 17
Erfolg wird aus Mut gemacht 22
Stress als Vorwand 24

Selbstwert 27
Jetzt ist Leben! 27
Das innere Kind 29
Das Ego 33
Das ganz persönliche Glück 34

Im Einklang mit Körper, Kleidung und dem Zuhause . . . 36
Zufriedenheit 36
Gesundheit 38
Die Kraft der Gedanken 43
Den Ursachen auf den Grund gehen 46
Kleidung 49
Wohnen 61

Das Umfeld 82

Unser soziales Umfeld 82
Allein sein, einsam sein, in Gesellschaft sein 86
Austausch auf Augenhöhe: Freundschaft 89
Übertriebene Fürsorge? Die Geber-Typen 95
Großzügigkeit und Verantwortung 96
Das virtuelle Umfeld 100
Das globale Umfeld 101

Im Hier und Jetzt leben 107

Vom richtigen Zeitpunkt 107
Mit Vergangenem aufräumen 109
In Krisen Chancen sehen 111
Das Leben ist schön 113
Entschleunigung 122
Wissen, was guttut 124
Gegen Zeitmangel und Stress 129
Ihr persönliches Upgrade 136

Vom Sinn der Arbeit 143

Träume umsetzen 143
Lebenssinn und eigene Stärken 147
Nach Feierabend 152
Innere Fülle, Geld und Reichtum 155

Liebe und Partnerschaft 161

Liebe, das Allheilmittel 161
Jedem Anfang wohnt ein Zauber inne 170

Partnerschaft 178
Wenn die Zeiger auf Ende stehen 187
Single sein. 196
Rollenvielfalt 203

Glaube und Spiritualität 206
Zufall? Fügung? Schicksal? 206
Glauben und Wissen 207
Bevor wir gehen 213
Dankbarkeit 214

Nachwort 219

Dank 223

Vorwort

Dieses Buch ist dem puren Leben gewidmet. Dem Positiven, Liebevollen, Schönen, Wundervollen. Dem Mut und der Lust nach Veränderung und Verbesserung. Es geht nicht um das Ausrotten mieser Tage, aber wenn wir verinnerlicht haben, dass nichts ohne Grund GEGEN uns geschieht, dass alles einem Plan folgt, den wir maßgeblich beeinflussen und mitbestimmen, kommen wir entspannter durchs Leben. Loslassen, Achtsamkeit, Dankbarkeit, Hingabe und Vertrauen sind hierbei die Zauberworte.

Gut gelaunt durchs Leben wäre auch ein passender Untertitel für mein Buch gewesen. Im übertragenen Sinne geht es in *Aufgeräumt denken* darum, die überfüllten Schubladen in unseren Köpfen auszukippen, den ganzen Müll und Überfluss herauszuziehen, der sich über Tage, Wochen, Monate und Jahre angesammelt und festgesetzt hat. Wie vieles davon ist tatsächlich noch brauchbar, und was kann weg? Es geht darum, Gewicht und Last loszuwerden, um Platz für Neues und Leichtes zu schaffen.

2015, das Jahr, in dem ich dieses Buch – sehr gut gelaunt – begann, sollte das schwärzeste meines Lebens werden. Zwischenzeitlich schien es, als würde ich ein Doppelleben führen, einerseits schrieb ich über Glück und gute Laune, parallel dazu erlebte ich genau das Gegenteil. Erst zum Jahresende hin verstand ich, welch wertvolle Erkenntnisse, Lehren und Heilungen es mir beschert hatte. Ich hätte nie damit gerechnet, eine so harte Schule zu besuchen, die nur das Leben bieten kann. Ich, die Optimistin, die Fröhliche und die Glaubende. Doch scheinbar waren da bestimmte Schubladen, die schon aus allen Nähten platzten, ohne dass ich mir dessen bewusst war. Und plötzlich wurde ich gezwungen, hinzuschauen und abzubauen, sonst hätte nichts mehr hineingepasst, nicht mal mehr Schönes.

Dieses Buch richtet sich an jene, die nach Veränderung schreien. An jene, die öfter Frust als Lust empfinden, mehr Traurigkeit als Freude, mehr Schwere als Leichtigkeit, mehr Dunkelheit als Helligkeit.

Das Vorgängerbuch heißt *Aufgeräumt leben* und ist ein Sprachrohr für alle, die in Räumen leben, die sie nicht lieben. Es nie getan haben, aber eine unbändige Sehnsucht danach haben, aus diesen endlich ein Zuhause zu schaffen. Es widmet sich der Aufgabe des Loslassens, der Wandlung von Frust in Freude, und weil endlich ein Wandel anstehen muss. Weil nach einem aufgeräumten Zuhause die Reise aber noch lange nicht zu Ende ist, geht es jetzt um einen aufgeräumten Kopf, denn im Grunde ist er unser wertvollstes Körperteil!

Neuanfänge

Vom Glück des Neuanfangs

Wie glücklich sind wir? Reden wir uns Zufriedenheit nur ein und belügen uns oft selbst? Herrscht in uns nicht oft mehr Leere als Fülle? Wurden wir im Laufe der Jahre Virtuosen im Verdrängen, Schönreden und Ignorieren? Wir scheinen geglaubt zu haben, das täte uns gut. Oder immerhin besser, als uns zu konfrontieren. Heute wollten wir nicht hinschauen. Vielleicht morgen, oder irgendwann, wenn wir uns Zeit dafür nehmen. Obwohl – ist das wirklich nötig? So schlecht lebte es sich mit dem Verdrängen doch nun auch wieder nicht. Ich war mir sicher, bei mir nicht viele Schattenthemen finden zu können, doch dann machte es bäng, boom, zisch! Und nachdem die miesen Verkettungen kein Ende nahmen, kam meine Rettung.

Was wäre, wenn jeder seine Maske absetzte, seine Mauern abrisse und sich genau betrachtete, mit jenem entscheidenden Blick nach innen und dahinter. Was würden wir sehen, wenn unsere Augen ihre Richtung wechselten? Was würden andere entdecken? Da ist so vieles, was im Verborgenen bleibt. Bewusst? Unbewusst? Aus Angst?

Wenn wir jeden Tag neu entscheiden können, warum nicht mal brechen mit alten Mustern und Gewohnheiten, um Neues zu entdecken, um zu erfahren, was dann noch alles möglich wäre? Einfach mal die alte Spur verlassen und sich frei machen von dem, was uns so schwer und dunkel macht und uns vor lauter Last kaum aufrecht gehen lässt. Voraussetzung: Schluss mit Bequemlichkeit, Negativismen und Lethargie.

Fakt ist: Wo sich eine alte Ordnung auflöst, verändert sich das Verhältnis zwischen allen Bereichen. Alles hat auf alles Einfluss! Lassen Sie uns herausfinden, was sich alles verändert, nachdem wir etwas verändern. Nachdem wir unsere Gedanken und Ansichten überarbeitet haben.

Wer Lust hat, begleitet mich durch dieses Buch am liebsten bis zur letzten Seite. Mögen Sie hier und da einen Gedanken mit mir teilen, ihn pflücken wie eine Beere, die Sie genussvoll verzehren.

Eine kleine Warnung vorab: Veränderungen bedeuten Arbeit. Doch mögen wir sie nicht als Last, sondern fortan als Lust und Herausforderung empfinden. Etwas, das wir uns auf alle Fälle zutrauen können. Veränderungen beginnen schon im Kleinen: bei der täglichen Auszeit von mindestens zehn Minuten, in der wir den Tag und unser Verhalten reflektieren. Zehn intensive Minuten, die wir allein mit uns verbringen, uns mit dem Herzen sehen (danke, kleiner Prinz) und äußere Einflüsse ausknipsen. Steigen wir hinab zu unserem Wesenskern, in unser Zentrum, werden wir zu Goldgräbern, zu Spurensuchern unendlich wertvoller Schätze, nämlich unseren! Was ist denn unser Potenzial, und welche Muster und Gedanken decken es zu und halten es so versteckt? Wir müssen herausfinden, was sich uns alles in den Weg stellt. Welche Schranken im Außen liegen und welche im Inneren, welche uns hemmen und daran hindern, unsere Absichten zu verfolgen.

Die Gedanken, die diesem Buch zugrunde liegen, sind keineswegs neu. Doch jede Autorin und jeder Autor findet über seine eigene Sprache Zugang zu neuen und weiteren Leserinnen und Lesern. Auch mein Ziel ist es, Menschen zu inspirieren und zu motivieren, sich selbst zu hinterfragen. Ich reise mit Ihnen durch meine Welt und gebe Ihnen mögliche Werkzeuge, Inspirationen und Denkanstöße an die Hand, denn eines verbindet uns doch alle: der Wunsch, glücklich und erfüllt zu sein!

Wo genau beginnt Veränderung? Ausnahmslos stets bei uns selbst! Wer noch immer der Ansicht ist, sein Leben verändere sich erst, wenn sein Umfeld sich ändert, stößt auf sein erstes falsches Denkmuster. Und so wird er vergeblich warten müssen. Solange wir den Fokus auf die anderen legen, müssen wir uns ernsthaft fragen, warum wir kein Umfeld geschaffen haben, das uns zufrieden macht. Wir wollen unser Umfeld verändern, indem wir die Menschen, deren Nähe wir uns zum Teil ausgesucht haben, verändern wollen? So funktioniert das nicht. Wo bleibt die Wertschätzung für den anderen? Wenn er uns nicht passt, dann sollten wir ihn gehen lassen, er wird zu jemand anderem besser passen, ebenso wie wir auch. Zu Menschen, die ihn nehmen, wie er ist. Was verlangen wir Menschen ab, die wir suchen, weil sie im besten Fall unser Leben bereichern sollen? Wir allein entscheiden, wer und was uns umgibt. Und so kann nur ein Wandel von uns selbst ausgehen – und in uns selbst stattfinden –, wenn uns nicht passt, was wir geschaffen haben.

In der Theorie malen wir die schönsten Veränderungen, phantasieren uns in völlig andere Welten. Wie weit liegt die Phantasie von Ihrer Wirklichkeit entfernt? Je weiter, desto wichtiger ist nun der Prozess der Veränderung. Doch den Schritt in die Praxis, den gehen nur wenige. Haben nicht die meisten Menschen irgendeine Rechtfertigung, alles beim Alten zu lassen? Es scheint doch so vertraut und so bequem. Da weiß man, was man hat, das Neue könnte noch viel schlimmer sein. Unterm Strich heißt das, sich abzugeben oder geschlagen zu geben. Doch wie viel Energieaufwand betreiben wir, nie das zu sein, nie das zu haben und nie das zu leben, was wir so schön phantasieren können? Die Schere klafft weit auseinander. Erfüllung geht anders und lebt nicht von der Theorie allein!

Die Dinge einfach mal anders machen! Anders handeln! Anders denken! Anders fühlen! Das gewohnte Leben aus den Angeln heben, es anders gestalten als bisher, eben nicht »typisch« wie gewohnt.

Lassen Sie uns neugierig sein auf das Abenteuer Leben, es hält so viel bereit, wenn wir ihm nur ein Zeichen geben – dass auch wir es sind!

Wie glücklich oder unglücklich wir sind, sagt aus, wie wir denken und welchen Anspruch wir an uns und unser Leben stellen. Wie viel sind wir uns wert? Was sind wir uns wert? Wenn wir uns selbst benoten müssten, welche Zahl stünde unter unserem jetzigen Leben?

Geben wir uns ab, lassen wir uns führen, oder bestimmen wir selbst, wo es langgeht? Fühlen wir uns klein oder groß? Stark oder schwach? Streben wir nach Macht, aber entkommen wir der Ohn-Macht nicht? Sind wir lieber aktiv oder passiv? Angepasst oder rebellisch? Sind wir Glaubende, oder müssen wir Wissende werden? Glauben wir nur, was wir wissen, und wissen wir genau, was (woran) wir glauben?

Unser Umfeld und alles, was wir anziehen, gibt beste Auskunft. Wer Angst vor seiner Inventur hat, fürchtet die Schatten, denen er begegnen könnte und die neue Schmerzen hervorrufen würden. Man hatte doch so mühevoll gelernt zu verdrängen. Warum in Vergangenem wühlen, wenn es Wichtigeres gibt, nicht wahr? Doch Wichtigeres als was, wenn doch gerade das Verdrängte der Schlüssel zum Erfolg sein kann? Sich blind zu stellen ist ab heute keine Alternative mehr, wie könnten wir uns jemals jemandem öffnen und uns zeigen, wenn wir uns selbst nicht nah genug gekommen sind und unser eigenes Gesamtpaket nicht begreifen?

Wem fortlaufend Dinge passieren, die sein Leben erschweren, das Sorgenkonto vermehren, der kommt nicht länger drumherum, tiefere Schichten aufzudecken! Sich einzugestehen, dass man Wege gegangen und Entscheidungen getroffen hat, die man hätte besser machen können, das tut manchmal weh. Doch weil es stets nur eine Richtung gibt – die nach vorn –, müssen wir Frieden schließen mit dem, was war und niemals rückgängig gemacht werden kann. Wenn Sie immer noch voller Zweifel sind und denken, Glück sei das, was nur den anderen geschieht, dann gehe ich sicher nicht zu weit, wenn ich behaupte, wer verdrängt, der ist ein Feigling! Auch ich war einer.

Je schwächer unser Ego und je stärker die Liebe (Bauchgefühl), desto ehrlicher steuern wir die richtige Richtung an, weil wir wahrnehmen, was unser Gefühl uns sagt und weniger unser Verstand. An unserem Gefühl sind nur wir beteiligt, unser Ego wiederum unterliegt ausschließlich äußerlichen Einflüssen.

Zweifeln wir daran, dass uns gefallen könnte, was wir anschauen müssten? Muster, Glaubenssätze und Programme, die uns noch nicht einmal bekannt vorkämen? Unser Bestreben sollte im Bemühen liegen, die Karten auf den Tisch zu legen und zu schauen, welches Deck welche Bedeutung hat. Wären uns unsere inneren Sehnsüchte alle bekannt, wäre es umso fahrlässiger, ihnen nicht nachzugeben. Ich stelle mir vor, wie es wäre, wenn alle Menschen im Einklang mit ihren verborgenen Sehnsüchten und nach ihren Potenzialen lebten – eine wunderschöne Vorstellung.

Was uns umgibt, also was wir anziehen, zeigt uns, wo wir stehen, welche Themen wir gerade benötigen, was wir lernen sollen und welche Antworten sich auftun, ohne dass es vielleicht eine Frage dazu gab.

Ich höre jetzt die Ersten rufen: Sie haben gut reden! Haben Sie mobbende Kollegen? Einen cholerischen Chef? Eine anstrengende Beziehung und zu wenig Geld auf dem Konto? Nein, habe ich nicht. Aber auch ich bin schon auf Menschen getroffen, die mir das Leben vermiest haben. Es ist an mir, zu entscheiden, ob ich sie meiden oder von ihnen lernen will.

Welchen Sinn machen Begegnungen mit Menschen, die wir niemals freiwillig in unser Leben rufen würden? Bei jenen, die wir uns nicht ausgesucht haben, zumindest nicht willentlich – Eltern, Kollegen, Nachbarn –, gibt es zwei Optionen: Ich verändere mich (meine Sichtweise und mein Verhalten), womit sich die alte Ordnung ändert, oder ich vergebe ihnen – beides wird Einfluss auf mein Gegenüber haben. Wie also verhalte ich mich? Reflexion ist angebracht, ein Rollentausch, in dem ich mich von außen betrachte und in die andere Person schlüpfe. Je mehr Empathie ein Mensch hat, desto leichter fällt ihm natürlich der geistige Rollentausch. Alles, was wir tun, um andere zu stärken oder um

Verhältnisse zu verbessern, ist gut für unser Karma. Haben wir durch unser Verhalten jemanden gestärkt (z. B. Lob) oder geschwächt (z. B. Lästerei)? Fragen Sie sich das mal eine Zeitlang, wenn Sie Freunde getroffen haben. Es ist ganz zweifelsfrei, dass, was/wen wir stärken, auch uns stärkt.

Bedürfnisse und Lebensziele

Grundbedürfnisse stehen auf der untersten Stufe einer Treppe, die nach oben hin unendlich ist. Ein Dach über dem Kopf, Nahrung und Kleidung. Auf der nächsten Stufe könnten Partnerschaft und Arbeit stehen, auf einer weiteren, wonach auch immer Sie streben. Wie weit sind Sie gekommen? Nach oben wird die Treppe immer schmaler, nicht jeder passt noch drauf. Ich frage mich, was der höchste Anspruch eines Menschen sein kann, der schon alles hat? Es wird weit entfernt vom Materiellen sein.

Unter Lebenszielen verstehe ich Glück, Gesundheit, Liebe und Wohlstand – in Hülle und Fülle! Natürlich in Fülle! Doch sich vom Mangel zu entfernen heißt, nicht zu warten, bis sich etwas ändert (außen), sondern selbst aktiv zu sein. Wir werden stets dafür belohnt, dass wir was tun, wenn wir den Wandel wünschen. Und wo immer sich Türen öffnen, ist das ein Zeichen dafür, dass wir auf dem Weg sind. Ob es unser Weg ist, zeigt sich daran, was hinter der Tür auf uns wartet oder dass sich Türen nicht verschlossen halten. Doch was immer wir tun, wir sollten dabei nicht immer nur den eigenen Wohlstand im Auge behalten. Was dient uns allein und was dem Wohl der Allgemeinheit? Welche Fülle können wir auch anderen bescheren? Wir sind ein Teil der Welt, wir prägen und gestalten sie mit, wir hinterlassen Spuren. Die einen deutlichere, die anderen schwächere.

Was den Weg angeht, mal ist er eben, mal auch steinig. Doch keine Angst vor Schlaglöchern und Hindernissen. Vergessen wir nicht, die Zuversicht in den Rucksack zu packen, und erst recht in Zeiten von Niederlagen. Niederlagen sind Lektionen, ohne die es kein Wachstum gibt und wir nicht reifen. Wir leben von Erfahrungen, jeden Tag aufs Neue.

Lasst uns den kollektiven Wandel anstreben. Lasst uns umdenken und um-handeln. Warum zieht der eine Mensch einen Skandal nach dem anderen an, während ein anderer ständig von Glücksmomenten berichten kann? Gibt es ein Geheimrezept? Jeder wird so seine eigene kleine Erfolgsformel entwickeln, doch wer schon jetzt erfolgreich ist, ist sicherlich vertraut mit dem Gesetz von Senden und Empfangen. Dem Gesetz von der Resonanz (»Resonanzgesetz«), von der Macht der Gedanken. Ich stelle mir vor, wie diese Welt aussähe, welchen Wandel unsere Gesellschaft nähme, wenn jeder von uns vertraut wäre mit dem Wissen um die Resonanz und es in seinen Alltag integrierte? Der Kampf für Liebe, Freiheit und Frieden wäre stärker als jede Waffe. Doch neben der Resonanz herrscht die Polarität (Gegensätzlichkeit), so muss man verstehen, dass der Weg zum Ziel nicht immer gerade ist, sondern oft nur über den Gegenpol erreicht werden kann. Ohne die Erfahrung des Süßen kennen wir das Saure nicht, und ohne den Hass gespürt zu haben, würden wir vielleicht die Liebe nicht verstehen.

Dieses Buch ist die Nabelschnur zwischen mir als Autor und Ihnen als Leser/-in. Ich biete keine Schablone, die auf alle passt, aber ich zeige Möglichkeiten auf, die Inspirationen für Sie sein können. Besonders liegen mir jene Menschen am Herzen, die Bilder im Kopf haben, die schöner sind als jene, die sich ihnen in Wirklichkeit zeigen. Schöner und so weit entfernt.

Lassen Sie uns gemeinsam experimentieren! Worin könnte unser ganz persönlicher Anteil liegen, die Welt ein bisschen schöner und das eigene Leben ein bisschen erfüllter zu gestalten? Lohnen wird es sich immer, und selbst wenn unser Leben übermorgen vorbei wäre – dann hätten wir zwei Tage gehabt, an denen wir uns mit unserem Leben ausgesöhnt und das Gefühl von Genuss erlebt hätten. So will ich damit sagen, es ist nie zu spät, einen neuen Weg einzuschlagen. Es kann zwar sehr spät sein, doch nie zu sehr, solange wir am Leben sind.

Wir alle sollten auf der Sonnenseite des Lebens stehen und selbst im Schatten noch leuchten, weil wir nicht mehr nur die Dunkelheit fürchten, sondern voller Licht in uns sind, das uns den Weg weist, weil es nach außen strahlt.

Das Ziel dieses Buches ist, dass wir gemeinsam an der Ziellinie stehen, die Arme in die Höhe reißen und – vollgetankt mit Glückseligkeit – schreien:

Verdammt, ist das Leben schön und spannend!
Man kann nicht anders, als dankbar zu sein!
Die Arbeit zahlt sich aus!

Und jetzt fangen wir endlich damit an, uns das Leben schön zu machen! Wenn wir es wert-schätzen und lieben, dann tut es nämlich das Gleiche auch mit uns!

Es gib nur eine Regel, ziehen wir sie bitte bis zur letzten Seite durch, und am besten natürlich noch weit darüber hinaus, bis zum letzten Atemzug:

Negative Gedanken, negatives Fühlen und negatives Handeln sind tabu! Es lebe die Moral, von der jeder eine klare Vorstellung hat, ob er schon danach handelt oder nicht. Wir wollen diese und unsere Welt doch besser machen – wir brauchen endlich wieder Tugenden und Werte! Wir brauchen viel mehr Menschen, die mehr Schönes und mehr Sinnlichkeit verbreiten.

Tabu ist alles, was nichts Gutes im Kern der Sache (im Denken oder Handeln) hat. Macht auch Sinn, denn wenn wir das Beste (Positives) wollen, wie könnte es sich bei uns wohl fühlen, wenn wir lieber mit Füßen treten und lieber Ellbogen benutzen, anstatt Fürsorge und Empathie zu stärken? Wie könnte Pessimismus je Erfolge steigern? Wir geben jetzt das Beste, denken das Beste und handeln nach reinem Gewissen. Und das ist mehr als eine Hausaufgabe – das ist die neue Wahrheit, die wir leben!

Natürlich können wir dem Tag mal einen Stinkefinger zeigen und hadern, zweifeln, traurig sein. Doch keinesfalls dürfen wir vergessen, dass nichts so bleibt. Selbst wenn wir monatelang auf der Couch liegen blieben, würde die Bitterkeit in uns langsam schwächer werden. Erinnern Sie sich noch an Ihren ersten Liebeskummer? Dachten Sie vielleicht auch, lieber sterben zu wollen, als diesen Zustand noch weiter ertragen zu müssen? Ein Zustand, der nicht schnell genug vergehen konnte? Es gibt so viele blöde Erinnerungen, Peinlichkeiten und dumme Zwischenfälle – die Zeit heilt zum Glück nicht nur die Wunden, sondern auch die Schamgefühle.

Das Leben fließt – und deshalb verändert es sich. Schwimmen wir mit, lassen wir uns ab und zu mal treiben und haben wir keine Angst vor einem plötzlichen Strom. Wir werden genug Kraft entwickeln, nicht unterzugehen! Ob seichtes Gewässer oder reißender Bach – nehmen wir es an! Nach Regen scheint die Sonne, ein Naturgesetz, das auf uns Menschen übertragbar ist: Auf schlechte Laune folgt auch wieder gute. Auf Frust auch wieder Freude. In welchem Zustand befinden Sie sich gerade? Droht Ihnen das Aus der Partnerschaft? Der Verlust des Arbeitsplatzes? Ist Ihr Glas Wasser gerade halb leer oder noch halb voll?

Wir werden im Leben über kurz oder lang immer verlieren, was nicht unser und nicht für uns bestimmt ist. Was richtig und wichtig für uns ist, schwingt stets im Einklang mit unseren Sehnsüchten und Bedürfnissen. Der Job ist weg? Endlich frei für einen neuen Arbeitsplatz! Der Partner will nicht mehr? Endlich frei für den, der zu uns passt und bleiben will! Es endet und verliert sich nichts, das von jeher füreinander bestimmt war. Es endet, was mit Fülle (Wunscherfüllung) nichts zu tun hat. Und selbst wenn Sie bleiben, kann es längst vorbei sein! Vergessen Sie nicht: Im Festhalten und Klammern kann es kein Bleiben geben. Menschen bleiben immer freiwillig bei uns (ausgenommen durch Druck, Erpressung und Angst). Wir können wollen, dass jemand bei uns bleibt, doch die Entscheidung trifft der Mensch allein. Uns selbst kann und sollte auch niemand zu etwas zwingen! Wenn etwas endet, wäre es nur wichtig zu verstehen, was falsch lief oder was anders hätte laufen sollen. Wer auseinandergeht, ohne zu kommunizieren, lässt den anderen ziemlich im Regen stehen. Und Klarheit wäre das mindeste, das man sich für das Leben danach mit auf den Weg geben sollte.

Kein Schatten ohne Sonne, keine Sonne ohne Schatten. Wir können den Schatten als dunkle Bedrohung empfinden oder als Schutz vor prallem Sonnenschein. Eine Medaille hat stets zwei Seiten, ein Wasserglas ist für Pessimisten schon halb leer und für Optimisten noch halb voll. Wir sollten zu den Letzteren gehören, sollten unsere Haltung überdenken, unseren Blickwinkel schärfen, die Perspektive ändern und erleben, wie viel besser sich alles anfühlen kann. Sind Respekt und Anstand wirklich so schwer?

Versuche machen klug! Und los geht's!

Erfolg wird aus Mut gemacht

Stillstand ist ein Nein. Ein Nein zu neuen Ufern, zu neuen Erfahrungen und Abenteuern. Im Grunde auch ein Nein zu (mehr) Leben. Ein Nein ist automatisch da, wenn wir nicht handeln, doch erhöhen sich die Chancen für ein Ja, indem wir uns bewegen! Natürlich können wir keine Verluste, Niederlagen oder Versagen ausschließen, doch wollen wir auch erfahren und dazulernen. Der Weg zum Ziel geht nicht immer nur geradeaus.

Was uns am meisten hindert, etwas zu wagen, ist die Angst. Wie wäre es mit einem kleinen Duell? Schauen Sie der Angst ins Gesicht und lassen Sie die Stimme Ihres Mutes siegen, nachdem Sie deutlich gemacht haben: Diese Runde geht an mich!

Welche Ängste hemmen Sie, lassen Sie nicht vorwärtskommen? Die Angst vor dem Versagen? Vor Menschen? Vor Verlust? Welchen Vornamen tragen Ihre Ängste? Lassen Sie uns ein Experiment wagen: Stellen wir uns unsere Ängste (oder unsere Schatten) als Wesen vor, zu denen wir entschieden sagen, dass wir heute einfach keine Zeit für sie haben. Wir können nicht immer nur weglaufen und uns ihnen unterwerfen. Mit jedem Sieg über eine Angst schwächen wir bereits die nächste auf der Liste. Wir haben gewagt und haben gewonnen! Am Ende merken wir, dass wir uns die Angst nur eingeredet haben.

Oder haben wir die Angst etwa nur vordergründig benutzt, und hinter ihr versteckt sich eigentlich nur Bequemlichkeit oder mangelndes Interesse? Wenn es den Begriff »Angst« nicht gäbe, wie würden wir dieses lähmende Gefühl dann beschreiben?

Erfolg wird aus Mut gemacht. Das stimmt zum größten Teil. Doch Erfolg setzt weiter auch die Fähigkeit voraus, zwischen Wichtigem und Unwichtigem unterscheiden zu können (Instinkt, Intuition). Zunächst wächst ein Gedanke zu einer Idee, dann festigt sich ein Wunsch, danach kommt die Entscheidung, gefolgt von der Absicht. Mut braucht es schließlich, um aktiv zu werden, raus aus der Phantasie, hinein in die Umsetzung und Realität.

Was immer uns antreibt, schenken wir ihm Gehör – es ist die innere Stimme, die aus der Tiefe unseres Wesens mit uns kommunizieren will. Also, Fortschritt statt Rückschritt!

Wachstum und Fülle statt Stillstand und Mangel! Hören wir uns an, was diese Stimme in uns drin uns eigentlich zu sagen hat. Sie kommt ja nicht von ungefähr und ist ein ganz besonderer Teil von uns.

Stress als Vorwand

Sind auch Sie Sätzen wie »Bin im Stress!«, »Hab keine Zeit!«, »Steh kurz vorm Burn-out« überdrüssig? Ich möchte solche Sätze nicht mehr hören, und ich wünsche mir, dass dieses Buch dazu beiträgt, dass mehr neue Sätze in Umlauf kommen, wie zum Beispiel: »Ich freue mich auf unser Treffen!«, »Gern sehen wir uns wieder!«, »Ich bin zwar müde, aber schlafen kann ich später immer noch!«. So oder so ähnlich, nur nicht ständig diese Klagesätze. Das Gejammer ist nervig, solange der Mensch daran nichts ändert, um es abzustellen. Am Ende haben diese Menschen nur nicht gelernt, sich besser zu strukturieren oder Prioritäten zu setzen.

Ich kenne Menschen, die schon überfordert sind, wenn sie den Koffer für die Reise packen müssen. Ich höre mir so ein Gestöhne nicht mehr an, was sollte ich auch dazu sagen? Ich, die alles darum geben würde, auch mal einen Urlaub bezahlt zu bekommen. Wie selbstverständlich manchen Frauen Luxus ist, für den sie nicht einmal etwas selbst tun mussten. Wenn schon banale Dinge anstrengend sind, obwohl der Mensch noch nicht einmal arbeiten geht, spiegelt das in der Regel eine enorme Unzufriedenheit und Leere wider.

Hektik und Tempo hin oder her, wenn uns die Zeit für jene täglichen zehn Minuten fehlt, in denen wir das Nichtstun bewusst genießen können, kann uns das krank machen. Und was passiert, wenn wir krank werden? Wir werden endlich mal gezwungen, das Stressbarometer auf null zu senken. Hätte das nicht schon früher gehen können? Immerhin kann Kranksein noch weiteren Stress verursachen! Wie gern hätte man im Nachhinein vorbeugen wollen, als der Körper die ersten Signale gab.

Arbeitende Single-Mamis beherrschen eine Disziplin besonders gut: den Spagat! Auch ich kann den gut, obwohl ich als Selbständige oft klar im Vorteil bin. Ich kann meine Zeit frei einteilen und selbst bestimmen, Hauptsache, das Geld für Miete und Extras kommt rein. Doch auch ich träume davon, mit jemandem sowohl Rechte als auch Pflichten zu teilen. Jemandem, der zu gleichen Teilen dafür sorgt, dass der Familienofen weiter heizen kann. Der Spagat zieht seine Schleife von der Erziehung über die Arbeit, den Haushalt, Termine bis hin zur Pflege von sozialen Kontakten. Welche alleinerziehende Selbständige könnte sich da schon einen »Burn-out« leisten, wenn ohne sie doch alles zusammenbräche? Und so beenden wir manchmal sehr erschöpft den Tag und begegnen übermüdet dem nächsten. Und dem übernächsten. Und wenn wir dann nichts hätten, das uns antriebe aufzustehen, brauchten wir doppelt so viel Kraftaufwand. Wir sollten etwas schaffen, auf das wir uns jeden Tag aufs Neue freuen können.

Klar, unsere Kinder treiben uns an, doch Erfüllung auf ganzer Linie braucht noch mehr.

Wenn wir etwas haben, das uns erfüllt, dann lodern wir auf und brennen nicht aus. Das weiß ich von mir selbst und auch von anderen, die leidenschaftlich einer Arbeit nachgehen. Auch wenn ich gerne Mama bin, so sollen meine Kinder nicht der einzige Antrieb sein, mein Leben auf die Reihe zu bekommen, es gibt auch noch die Frau, die leben und genießen will. Die einen Selbstwert hat! Sich aufgeben für Kinder hieße, sich ein Stück weit selbst zu verlieren. Und sind die Kinder aus dem Haus, dann steht man vor dem Nichts, weil man sich einfach nicht mehr wichtig nahm? Ohne Aufgabe zu sein erzeugt oft Panik. Und steigert man sich in die Panik rein, dann kann es zu regelrechten Attacken kommen.

Aber nicht nur alleinerziehende Mütter brauchen mehr Antreiber als »nur« die Kinder, wir alle brauchen mehrere Antreiber und sollten nie eingleisig fahren, denn oft führt das Eingleisige uns in den Burn-out.

Aufgabe: Bevor es weitergeht, nehmen Sie sich zehn Minuten Zeit für eine Liste, die Klarheit verschafft. Horchen Sie in sich hinein und beenden Sie folgende Sätze:

Ich sollte … / müsste … / könnte …
Ich sorge mich wegen …
Ich fürchte mich vor …
Ich fühle mich ausgelaugt von …
Was ich beeinflussen kann: …
Was sich nicht ändern lässt: ….
Was ich mir wünsche: …

Hängen Sie die ausgefüllte Liste sichtbar in der Wohnung auf. Und nach und nach haken Sie Dinge als »erledigt« von der Liste ab. Das ist so wahnsinnig befreiend!

Selbstwert

Jetzt ist Leben!

Die Kindheit liegt weit hinter uns, doch bestimmte Gerüche und Geräusche können diese sofort neu erwecken. Kindheit, Pubertät und Jugend, diese Niemandsländer, dieses »Zwischenparken«, wo man weder Fisch noch Fleisch ist. Später kommen Midlifecrisis und Wechseljahre, die zweite Pubertät beginnt. Die Zeit zwischen Reife und Alter sowie zwischen Inkontinenz und Demenz.

Genieße den Augenblick,
denn der Augenblick ist dein Leben!
Fürchte nicht, was kommen kann
(Nebenwirkungen des Alterns),
es hat im Hier und Jetzt noch nichts zu suchen!

Jetzt ist Leben! Wie viele Runden wir im Lebenskarussell drehen können, ist nicht absehbar. Ich hoffe doch, die letzte wird die schönste sein, in der wir besonders eines stärker spüren, weil wir ihm immer näher kommen: den inneren Frieden. Wir sind befreit von Quälereien, von Reue, vom Hadern und von Schulgefühlen! Alles, was ich spüren will, das ist unendliche Dankbarkeit. Schlimm, wenn man im Alter bereit ist, alles dafür zu tun, um noch einmal und endlich dieses oder jenes ganz anders bzw. endlich mal zu machen. Doch niemals wird es zu spät sein dafür, etwas zu ändern, außer in der letzten Nacht, bevor wir für immer unsere Augen schließen.

Ich hoffe sehr, wir gehen erst, wenn wir erschöpft und ausgefüllt, wenn Trieb und Neugierde verblasst sind, wenn wir ohne Antrieb sind.

Ich bin noch alles andere als müde, ich bin so lebenshungrig wie selten zuvor. Es mag an der Gewissheit der Endlichkeit liegen. Ich sehe die Veränderung meines Körpers, meiner Kondition und weiß, es sterben wieder Zellen vor sich hin. Der Tod ist mein Schatten und heimlicher Sputnik, auch wenn er sich nicht bemerkbar macht oder ankündigt. Noch nicht. Zum Glück nicht. Ja, ich werde älter und gehe trotz guter Gene nicht mehr für dreißig durch. Doch keine Nadel soll meine Falten glatt spritzen, ich will keine versteinerte Mimik, liebe die Lebendigkeit, die ich durch jede meiner Gesten unterstreichen kann. Ich will annehmen, was kommt. Doch genauso gut werde ich alles dafür tun, mich so lange wie möglich gesund und fröhlich zu fühlen!

Keine Sekunde kommt je zurück. Wie können wir eigentlich behaupten, nicht loslassen zu können, wenn wir es bereits sekündlich tun? ZEIT! In welcher Relation steht da das Loslassen von materiellem Ballast, der im Überfluss vorhanden ist, doch uns nicht annähernd ein Mehr an Leben schenken kann?

Das innere Kind

Den Begriff »inneres Kind« mögen die meisten von Ihnen schon gehört haben. UNSER inneres Kind – und wer von Ihnen hat sich ihm bereits bewusst gewidmet? Das innere Kind, das uns zur Seite steht, ein Leben lang. Es braucht Gehör, auch wenn wir längst erwachsen sind. Es ist uns intuitiver Ratgeber, glückvolles Energiebündel und kreativer Ideenspender. Das innere Kind symbolisiert die im Gehirn gespeicherten Gefühle, Erinnerungen und Erfahrungen aus unserer Kindheits-Erlebniswelt.

Unsere Kindheit wurde zunächst von anderen bestimmt und geplant. Wir saßen behütet auf Schößen, manchmal fühlten wir uns wie im Käfig, manchmal wie im Märchen. In unseren Schutzräumen wurden wir bewacht, kontrolliert und wirkten manchmal irgendwie auch fremdgesteuert, obwohl wir längst unsere eigenen Ideen entwickelt hatten. Hat man uns gesehen und gefördert? Unterstützte man uns und stärkte unsere Liebe oder unser Ego? Wurde unsere eigene Meinung gefördert, und fühlten wir uns aufgehoben und beschützt?

Dem Sicherheitspuffer aus Watte zu entkommen war manchmal unser Ziel, dann wieder nicht. Die Pubertät war einer der Meilensteine im Leben, denn es lebte Revolution und die Anarchie! Wir wurden aufsässig, beklagten Bevormundungen, sprengten Grenzen und erst recht die Ketten elterlicher Gewalt, um uns endlich mal selbst an die Hand zu nehmen und uns erfahren zu können. Wir hatten keinen Schimmer davon, was uns alles noch erwarten würde.

Noch zu meiner Zeit gab es mehr Distanz zwischen Erwachsenen und Kindern, Autorität und Gehorsam wahrten den Sicherheitsabstand. Heute, fast zwei Generationen später, rücken sich Erwachsene und Kinder ziemlich nah auf die Pelle. Manche alleinerziehenden Mütter benutzen (missbrauchen) ihre Kinder als das, was sie nicht sind: Gesprächspartner, Partnerersatz, Streicheleinheitenspender. Kinder müssen herhalten als Kompensation und schlüpfen oft in Rollen, die für sie überhaupt nicht angebracht sind. Es fehlt oft ein Sicherheitsabstand, es mangelt an Distanz. Viele Mütter wollen nicht erwachsen werden und nähern sich ihren Kindern zurück auf eine Augenhöhe, die oft sehr unnatürlich wirkt. Ich habe viele Kinder kennengelernt, denen ich nichts sehnlicher wünschte als Mütter mit weniger Überschreiten deren Sicherheitszone.

Kinder sind heute schon lange keine unbeschwerten Kinder mehr, stehen schon früh im Vergleich mit anderen und unter immensem Leistungsdruck. Doch ginge es allein nach ihnen, sie wären einfach nur Kinder, die mit Freunden, Bauklötzen und Puppen spielten und sich auf ihre eigenen Themen konzentrieren würden. Wir brauchen keine erwachsenen Kinder. Wir brauchen unbeschwerte Kinder sowie reife, wache und glückliche Erwachsene!

Nur wer erwachsen wird und Kind bleibt,
ist ein Mensch.
(Erich Kästner)

Wer jung ist, soll sich Leichtigkeit und Albernheit bewahren. Soll sich ruhig gehenlassen dürfen, sich fallen lassen können, Blödsinn machen, verrückt sein und das Leben als Musik und Tanz verstehen. Und wer erwachsen ist, soll öfter mit dem Herzen eines Kindes sehen. Mit den Augen seiner eigenen Kinder. Schön, wenn dann das innere Kind mitspielen möchte. Kinder werten nicht von Anfang an, sie werten, weil man es ihnen vorgelebt hat.

Neben dem inneren Kind in uns gibt es zwei weitere Anteile, den weiblichen und den männlichen Anteil – eine regelrechte Kleinfamilie, bei der jeder eine Rolle hat. Als ich verstand, wie ich die Anteile nutzen und verstehen konnte, wendete ich sie auch gleich an. Mein männlicher Anteil trifft jetzt die (sachlichen) Entscheidungen (Verhandlungen), für die Ausführung und (emotionale) Umsetzung ist mein weiblicher Anteil zuständig, und das Kind tanzt und ist ganz unbedarft, nur manchmal kann es zickig sein, wie auch der weibliche Anteil. Es bringt mir richtig Spaß, die Anteile je nach Bedarf und Notwendigkeit aufzurufen.

Ich werde zur Beobachterin meiner inneren Welt der Gefühle und Empfindungen und immer geübter darin, welcher Anteil gerade aktiv oder besser passiv ist/sein darf.

Obwohl es das Kind aus alten Tagen ist, es ist ein lebendiger Bestandteil von uns. Wir sollten es nicht vernachlässigen und verkommen lassen, es braucht gesunde Nahrung wie Zärtlichkeit, Vertrauen, Lob und Anerkennung! In vielen Menschen sind traumatische Erlebnisse und schwere Erfahrungen aus der Kindheit gespeichert, doch möchten sie nicht mehr erneut diese Gefühle durchleben. Ihnen bleibt also nur die Hoffnung, dass nichts von außen gewisse Erlebnisse antriggert und sie erneut zu spüren sind. Ich selbst will nicht mehr ständig nur verdrängen und mir einbilden, ich sei vollkommen im Reinen mit mir. Ich habe mir auch lange etwas vorgemacht, wusste es aber nicht, weil ich meinte, bisher top damit gefahren zu sein. Doch im Grunde hatte ich mein inneres Kind im Stich gelassen. Verdrängen ist nicht heilen, und so hören wir manchmal eine innere Stimme in uns, die wir dem Kind nicht zugeordnet hatten. Es ruft dann: »Ich bin da! Du kannst mich nicht wegdenken!« Doch statt Zuwendung, Mitgefühl und Fürsorge erfährt es Ignoranz und Abwendung. Alle Anteile, überhaupt jedes Erlebte ist in unseren Zellen gespeichert. Wir könnten also nicht wirklich so wichtige Teile von uns abschneiden. Unser inneres Kind mag verwundet sein, dann ist es endlich an der Zeit, seine Wunden zu sehen und den Heilungsprozess voranzutreiben.

Aufgabe: Trainieren Sie mit Ihren Anteilen. Bei allen Terminen, Verhandlungen und sonstigen Aktivitäten fragen Sie sich stets: Welcher Anteil wird gebraucht? Welcher darf aktiv werden?

Übung: Beim *Einatmen* wenden wir uns unserem (verwundeten) Kind zu. Beim *Ausatmen* nehmen wir das Kind voller Fürsorge und Zärtlichkeit in den Arm. Aber vor allem nehmen wir uns endlich einmal Zeit für unser Kind.

Mantra: Ich bin so viel mehr als das, was Menschen von mir sehen. Ich bin drei Anteile, und ich werde in Zukunft mit allen arbeiten und sie um Unterstützung bitten.

Eines weiß ich heute genau – ich werde nicht mehr kokettierend vor einem Anwalt oder einem Arbeitgeber sitzen, nur weil ich testen will, wie viel Einfluss die Frau in mir auf das Gespräch nehmen kann. Solche Spielchen sind vorbei, ich will ernst genommen werden und selbst spüren, wie echt ich bin.

Das Ego

Wen meinen wir, wenn wir ausrufen: »Typisch Ego!« Zumindest ist es nicht unser wahres Ich, wie immer angenommen! Es ist das Gegenteil unseres wahren Selbst. Wir kommen mit einem authentischen Ich auf die Welt. Noch ist kein Ego da, weil unser Umfeld uns weder prägen noch formen konnte. Noch nicht! Im Grunde also ist das Ego eine Täuschung, es ähnelt kaum dem wahren, unpolierten Ich. Bis ins Erwachsenenalter wurde unser Ego üppig ernährt durch Meinungen, Auszeichnungen, Verdienste, Glaubenssätze und Lehren. Doch wer wir sind, das wissen wir nur ganz allein, denn niemand kommt näher an unsere Tiefen heran als wir selbst. Ganz tief in uns verborgen liegt der wahre Wesenskern, der wesentliche Wahrheitskern. Das Ego aber hört nicht auf, ist stets hungrig. Wenn nur seine Nahrung Bestätigungen und Lob wären! Wir sind schon lange nicht mehr frei wie Kinder, die ungeschliffen ihre Welt erforschen. Schritt für Schritt schlüpfen wir in Formen und nehmen Glaubenssätze an, ob sie nun (zu uns) passen oder nicht. Und so entfernen wir uns mehr und mehr, bis wir uns selbst entfremden, was wir irgendwann zu spüren kriegen. Das Ego gehört zwar zu uns, doch können wir lernen, es zu schwächen, indem wir die Liebe stärken!

Was wollen wir, was kommt unserem (Seelen-)Auftrag im Leben am nächsten? Wie finden wir unsere Berufung oder Bestimmung? Schafft nicht gerade das erst wahre Unzufriedenheit, noch immer nicht zu wissen, was man will, doch immerhin zu wissen, dass sich Dinge in unserem Leben nicht wirklich rund und erfüllt anfühlen? Wenn dem so ist, dann sind wir noch entfernt von dem, was man »Bestimmung« nennt. Unterschwellig spüren wir, dass Handeln und Fühlen nicht zusammenpassen, nicht im Einklang sind, warum wir immer wieder aus dem Gleichgewicht geraten, nicht ausbalanciert sind. Das Ego bekommt ständig Futter vom Außen, wo die Nahrungsquelle sitzt. Und es ernährt sich von Wertungen und Bestätigungen.

Wären wir nur frei wie Kinder, die noch ungeschliffen und unpoliert ihre Welt erforschen. Bis sie in Windeseile Formen annehmen, die man ihnen verpasst. Würde man die Form über ihre Seele stülpen können, müsste man mit ansehen, wie selten sie passt. Das innere Kind droht zu ersticken, ohne dass es jemals sterben kann.

Das Ego gehört zu uns, aber wir können lernen zu erkennen, ob wir durch das Ego geleitet handeln oder aus tiefster Seele. Unser Ego, das andere »Ich«, schafft unsere Glaubenssätze. Setzen wir uns mit ihnen auseinander und durchleuchten sie, stellen wir fest, wie wenig sie mit unserem authentischen Ich gemein haben. Doch ich wiederhole: Erst müssen wir die Schichten abbauen, die uns die Sicht auf eben dieses ICH verbauen.

Das ganz persönliche Glück

Bin ich ein glücklicher Mensch? Strahle ich aus, was ich fühle? Nehme ich mich so an, wie ich bin? Lache ich ehrlich und frei heraus, oder wirke ich aufgesetzt? Bedanke ich mich abends für den schönen und erfüllten Tag, den ich erlebt und mitgestaltet habe? Wie verhalte ich mich gegenüber anderen Menschen, gegenüber mir vertrauten und auch fremden? Hätte ich mich gern als beste Freundin/besten Freund?

Wenn Sie jeden Abend den Tag mit einer anderen Frage abschließen, ist das ein ganz guter Anfang. Ohne Praxis, dem Wunsch nach Veränderung und den intensiven zehn Minuten gibt es keinen Neuanfang!

Im Einklang mit Körper, Kleidung und dem Zuhause

Der Künstler und Architekt Friedensreich Hundertwasser entwickelte während seiner künstlerischen Schaffensphase eine Theorie der fünf Häute des Menschen. Ihm zufolge ist der Mensch neben der eigentlichen Haut von weiteren vier Häuten umgeben: Kleidung, Häuser/Architektur, soziales Umfeld, Biosphäre/Welt. Dieses schöne Bild der einerseits schützenden, andererseits durchlässigen Haut (bzw. der Häute) symbolisiert wunderbar die Wirkung zwischen Innen und Außen und den Ansatz dieses Buches, im Inneren aufzuräumen und darüber aufs Außen zu wirken.

Beginnen wir mit der ersten und eigentlichen Haut und dem, was sie umspannt: den Körper.

Zufriedenheit

Körper und Bewusstsein. Inneres Kind, weiblicher und männlicher Anteil, Ego, Seele, Geist – alles schön versammelt unter einem Dach. Versammelt in einer Körperhülle. Und unser Körper spiegelt, was in ihm vonstattengeht. Fühlen wir uns wohl in unserer Haut, in unserem Körper?

Die Haut ist unser größtes Organ. Berührungen, Reize, Schmerz, Stimulationen – die Haut hält all das aus. Oft ist sie zu beneiden, doch oft genug auch zu bemitleiden. Was tun wir ihr nur an, indem wir ihr Schönes oft vorenthalten und ihr wenig Gutes gönnen? Sie kann ja nicht anders, als sich zu ergeben, wir können nicht aus ihr heraus, ihr entkommen oder sie eintauschen. Doch reagieren kann sie trotzdem! Verdeutlichend ausgesprochen: Innere und äußere Zufriedenheit leben in einer Partnerschaft. Passen die beiden nicht zusammen, wird die eine die andere das spüren lassen. Das Ziel ist Harmonie und Balance. Etwas, das lebenslänglich Bestand hat, immerhin sind beide niemals voneinander zu trennen. Außen wie innen – innen wie außen.

Innere Zufriedenheit beruht auf inneren Werten. Je bewusster ich Werte und vor allem meinen eigenen Wert erkenne, je mehr ich mich schätzen, annehmen und lieben kann, desto mehr komme ich in Harmonie mit äußerlichen Unperfektheiten. Überhaupt ist Perfektion nur ein Trug und für mich schon eher ein Schimpfwort, weil es degradiert und einen oberflächlichen Vergleich anstrebt. Nur innere Schönheit garantiert auch die äußere Schönheit – jene, an der man sich nicht sattsehen kann. Jene, die nicht einfach so verblasst, weil sie nicht nur im Außen strahlt, sondern stets von innen heraus.

Aber nun erst mal Näheres zur Hautpflege! Die Haut braucht Schlaf und Ruhe. Im Durchschnitt sieben bis acht Stunden pro Tag, am besten in einem abgedunkelten, kühlen Raum, frei von elektronischen Geräten.

Pflegen Sie Ihre Haut und tun Sie etwas für ihr Strahlen. Aber welcher Hauttyp braucht welche Pflege? Es bringt Spaß, sich hin und wieder in professionelle Hände zu begeben. Ich persönlich lasse alle sechs Wochen meine Haut komplett ausreinigen. Nur eine gepflegte Haut sei eine schöne

Haut, sagte meine Mutter immer, womit sie mich bereits im Alter von dreizehn Jahren zu einer Kosmetikerin locken konnte.

Dieses Gefühl von porentiefer Sauberkeit nach einem Besuch bei einer Kosmetikerin ist das, was ich mir alle paar Wochen genüsslich gönne. Weiter gönne ich meiner Haut ein abendliches Pflegeprogramm, um ihr zu nehmen, was sie aufgesaugt hat – Schmutz und Dreck. Und ich verwöhne sie mit Ölen, Düften, Masken und Massagen.

Von der gesunden Haut kommen wir nun zur Gesundheit im Allgemeinen.

Gesundheit

Gesundheit ist alles,
weshalb ohne Gesundheit alles nichts ist.

Was haben wir unserem Körper nicht alles zu verdanken: 27375 Tage (ausgehend von fünfundsiebzig Lebensjahren) funktioniert er auf Hochtouren. Der Motor läuft zwar mit den Jahren langsamer, auch rüttelt die Karosserie und beginnt zu knattern, doch unser Körper hält sich wacker und lässt uns nicht im Stich, solange wir ihn eben regelmäßig warten. Er gibt dann alles, was ihm möglich ist, sein Bestes, selbst wenn er in die Jahre kommt.

Wenn Partnerschaften zu einseitig sind, kriegen sie das irgendwann zu spüren. Der Körper steht uns immer zur Verfügung – und was bekommt er dafür zur Belohnung? Nahrung, um nicht zu verhungern, und Trinken, um nicht zu verdursten. Ist das alles? Der Körper unterliegt unseren Entscheidungen – zum Beispiel bei Alkohol-, Drogen- und Zuckerzufuhr. Manchmal wehrt er sich, doch oft genug nimmt er auch einfach hin. Fragen wir uns manchmal, ob sich in seinem Inneren nicht schon irgendetwas zusammenbraut, das uns bald zum Verhängnis werden könnte? Und nur, weil wir nicht auf ihn hören oder gedankenlos in uns hineinstopfen, ohne uns vergewissert zu haben, ob es ihm guttut, ob es gesund ist. Ist es wenigstens genussvoll? Denn wenn schon Sünde, dann bitte ohne Reue und mit Leidenschaft.

Ernährung

Wir können längst keinen Bogen mehr um Themen wie eine bewusstere Ernährung, gesunde Lebensmittel und viel Bewegung machen, drängen sich uns diese Themen doch überall auf. Zu Recht! Wollen wir gesund bleiben? Hängen wir am Leben? Dann sind geistiges und körperliches Wohlbefinden die beste Basis, auf der alles aufbaut. Und womit fangen wir an? Wir können den Milch- und Zuckerkonsum stark reduzieren bis komplett einstellen. Wir können heute unsere letzte Zigarette rauchen und mit allen Abhängigkeiten und Süchten Frieden schließen, statt sie krampfhaft zu bekämpfen. Wenn nichts mehr Macht über uns hat, dann sind wir endlich frei und selbstbestimmt!

Ich rauche seit meiner Jugend und bilde mir ein, zu genießen. Schwachsinn! Ich finde nur noch nicht den Schalter, den ich umlegen muss … Aber immerhin esse ich viel Bio und bilde mir ein, so für Ausgleich zu sorgen. Und ich esse

Brombeeren, Ananas MIT Strunk und nur noch frisches Fleisch vom Schlachter meines Vertrauens. Und weil ich weiß, dass Nüsse gut fürs Gehirn sein sollen, habe ich immer einen Vorrat zu Hause und in der Handtasche. Weil ich weiß, dass Vitamin C und Omega-3-Fettsäuren vor bestimmten Krebserkrankungen schützen können, stocke ich den Vorrat noch mal auf. Frischer Knoblauch, Kurkuma … es gibt so viel Gutes. Nehmen Sie sich die Zeit und stellen Sie sich Ihren persönlichen kulinarischen Fahrplan für eine gesunde Ernährung zusammen.

Bewegung

Wer viel sitzt, wie wir alle mittlerweile, muss für Ausgleich sorgen. Wie bewegen Sie sich fort, und tun Sie was für Ihre Fitness? Ich zum Beispiel tanze jeden Abend fünfzehn Minuten wild durch mein Wohnzimmer. Und in Kürze beginne ich mit einem Tanzkurz an der Stange. Endlich bin ich fündig geworden, denn eines war mir wichtig: nur das tun, was mich wirklich reizt! Denn so wird die Bewegung nicht lästig oder gar zur Qual. So muss ich mich nicht dazu aufraffen, sondern kann mich darauf freuen.

Körperpflege

Das Thema Körperpflege halte ich knapp, denn es gibt bereits genügend Bücher dazu. Für mich nur wichtig: Das Haar braucht keine Schuppen und kein Fett, die Nase keine Popel, das Auge keine Tränen, die Mundwinkel keinen

Speichel, die Ohren keinen Schmalz, die Füße keine Hornhaut, die Achseln keine Haare und keinen Schweiß (außer beim Sport) und der Rachen keinen schalen Atem. Darauf können wir achten! Die Dusche am Morgen ist der erste Luxus des Tages, ein Frischekick und gut für die Durchblutung. Fünf Minuten Investition in Sauberkeit und Duft! Und Fingernägel wie Fußnägel sind gepflegt, und wir nehmen uns auch Zeit für beides, weil es keine Last ist, sondern Spaß macht, die Wandlung zum schönen Schwan zu vollziehen. Voraussetzung: Wir räumen uns wirklich Zeit dafür ein. Mitesser und eingewachsene Augenbrauen sind auch nicht sexy, doch mit wenig Einsatz erzielen wir eine große Wirkung, steigern Wohlgefühl und Selbstbewusstsein. Ein Gewinn auf ganzer Linie!

Ein großes No-Go: Mundgeruch. Frischer Atem, saubere Zähne und eine unbelegte Zunge – ein Minimum an Körperhygiene darf man doch erwarten, zumindest als Gegenüber. Gibt es Schlimmeres als das Gefühl von Ekel vor jemandem, den man gerade erst kennengelernt hat?

Nichts bereuen, sondern einfach loslegen!

Ich denke, viele von uns bereuen, nicht schon in jungen Jahren einen Sport oder ein besonderes Hobby gefunden zu haben, in dem sie heute noch aktiv sind, oder? Auch ich bereue sehr, dass ich Gitarre spielen immer wieder vor mir hergeschoben habe, sonst könnte ich meinen Freunden heute am Lagerfeuer kleine Auftritte bieten. Oder hätte ich mit dem Tanzen viel früher begonnen, statt mich heute erst anzumelden, dann hätte ich wahrscheinlich eine elfenhafte Haltung und einen biegsamen Körper.

Wir sollten unseren Körper mehr spüren, weil Sport Endorphine ausschüttet, glücklich und ausgeglichen macht – für ein fittes Gerüst! Wir wissen um alle Vorteile und lassen uns doch nicht oder nur sehr spärlich darauf ein? STOPP!

Aufgabe: Buchen Sie noch heute Probestunden für etwas, das Sie schon immer machen wollten. Ob Tanz oder Fitness, Yoga, Schwimmen oder Kampfsport – finden Sie das, was zu Ihnen passt, denn zu spät ist es noch nicht. Es ist höchstens zu spät, ein Profi zu werden, doch das ist auch nicht wichtig. Probieren Sie auch Dinge, die Sie noch nicht kennen. An jeder Ecke gibt es Sportvereine mit besonderen Kursen für kleines Geld. Sie werden sicherlich erstaunt sein, was es alles gibt!

Mantra: Körper, Geist und Seele sind eine Einheit. Meine Einheit! Ich sorge dafür, dass es allen dreien gutgeht. Geist und Seele kann ich mental bearbeiten, meinen Körper kann ich verwöhnen, indem ich ihn mit wertvoller Nahrung füttere und seine Gelenke mit Bewegung in Schwung bringe. Ich will gesund sein, solange es geht. Ich danke für den Einfluss, den ich darauf habe! Und besonders danke ich für den positiven Einfluss meiner Gedanken, ohne den so vieles gar nicht möglich wäre.

Die Kraft der Gedanken

»Du denkst dich noch verrückt!« Das haben wir bestimmt schon mal zu jemandem gesagt, und wir wissen, dass dieser Satz auch oft uns selbst gilt. Es gibt viele Berichte darüber, wie man sich krank denken kann, seine Gesundheit durch falsches Denken und das Hineinsteigern in irreale Szenarien aufs Spiel zu setzen, ist ganz schön fahrlässig. Lassen Sie uns Negativem und Destruktivem keinen Raum mehr geben. Unsere Zellen speichern alles ab, auch wenn die Zellerneuerung alle sieben Jahre stattfindet. Nur wird nicht jede Zelle gleich erneuert, nachdem sie abgestorben ist. Wir kriegen das mit, werden vergesslicher, kommen schneller durcheinander und sind bereits beim Denken überfordert.

Spannend ist die Vorstellung, dass wir wie Schlangen sind. Dass wir uns immer wieder neu häuten, wenngleich sich mit den Jahren weniger häutet, weil sich während des Alterungsprozesses auch weniger Zellen erneuern. Ein Erwachsener hat etwa sechzig bis neunzig Billionen Zellen, von denen sekündlich einige Millionen vergänglich sind.

Das Schlapp- und Trägheitsgefühl, das wir manchmal empfinden, kann hingegen auch von Salzen kommen, die sich im Körper bilden. Auch Übersäuerung ist so ein Thema. Seit einiger Zeit schon ist Detoxing (Entgiftung) für den Körper in aller Munde. Die Entgiftung des Körpers erreichen wir über bestimmte Nahrungsmittel. Und wie ist das mit dem geistigen Detoxing? Das schafft man in der Stille, bei der Meditation oder durch langes Schweigen. Wenn ich so daran denke, hätte ich in diesem Augenblick große Lust, für mindestens drei Wochen Erfahrungen in einem Kloster zu sammeln!

Frage: Was könnten Sie als Erstes umstellen? Worauf würden Sie verzichten? Was wäre eine echte Herausforderung? Solange es uns ernst damit ist (und nicht, wenn es zu spät ist!), werden wir uns schon nach kurzer Zeit an die Umstellung gewöhnt haben, warum ich sie als Ausrede nicht gelten lasse. (Streichen Sie daher solche Sätze gleich aus Ihrem Kopf: »In meinem Alter sich noch umzugewöhnen ist ...«)

Unser Körper verbrennt ständig Energie, mal mehr, mal weniger. Verbrennt er mehr, als wir auftanken können, beeinflusst das unser Wohlbefinden, was irgendwann auf Kosten der Gesundheit geht. Jeder Körper ist ein Energiekörper, der schwingt, selbst wenn er nicht ständig in Balance ist. Unser Energiefeld kann zum Beispiel von unseren destruktiven Bildern (Daten) erheblich gestört werden. Doch selbst Menschen, die uns nicht wohlgesinnt sind, können ihre Energie auf uns übertragen, ob sie nun neben uns stehen oder am Ende der Welt leben.

Eine Möglichkeit der Heilung besteht darin, alte Energiemuster durch neue zu ersetzen oder sie ins Positive umzukehren.

Hörten wir als Kind, dass wir zu scheinbar gar nichts taugten (negative Wertung), wird es nie zu spät sein, endlich die Wahrheit als neues Programm zu sichern: »Ich tauge zu etwas! Ich bin wundervoll wie jeder andere auch und entdecke ständig neue wundervolle Dinge an mir. Ich bin einzigartig und geliebt auf dieser Welt!« Was wohl passiert, wenn wir uns das jeden Abend vor dem Schlafengehen sagen? Probieren Sie es aus! Welcher Satz auch immer zu Ihnen passt, es sollte ein stärkendes und Auftrieb gebendes Credo sein. Vergessen Sie nicht: Unsere Wahrheit ist die, die wir uns denken!

Ich war immer der Meinung, dass Lebensfreude und Zufriedenheit die beste Prophylaxe für ein langes gesundes Leben ist und uns vor Krankheiten schützt. Dann kam meine Begegnung mit einer Schamanin, und ich wurde eines Besseren belehrt bzw. aufgeklärt. Jeder von uns hat nicht nur Daten aus der Kindheit auf seiner Festplatte gespeichert, sondern darüber hinaus auch Programme der Urahnen laufen. Während der spirituellen Arbeit konnte ich viele verdrängte Bilder auflösen, Muster brechen und neue Glaubenssätze finden. Besonders wichtig war mir diese Auflösung für meine Nachfahren. Sie sollen mit den Schatten vergangener Urahnen nichts zu tun haben und erst recht nicht unter ihnen leiden.

Wer viele Jahre Therapie hinter sich hat und noch immer nicht das Gefühl der Weiterentwicklung, dem lege ich eine Arbeit ans Herz, die tiefer geht, als ein Gespräch es kann. Ich tat das mit großem Erfolg, der sofort eintrat, nachdem das neue Jahr (2016) begonnen hatte. Ich war jeden Tag glücklich, leicht, zufrieden und ausgeglichen. Hatte ich nur Monate zuvor unendlich viel verloren, wusste ich zu Beginn des neuen Jahres, dass es sich ums Loslassen und nicht um Verluste handelte. Ich bekam neue Kunden und Aufträge und fühlte mich rundum gesehen und gebraucht. Und stets trug ich ein Lächeln auf den Lippen. Bis heute hält das an – das hatte ich noch nie zuvor in meinem Leben, diese ungebrochene Gelassenheit und Freude. Eine enge Freundin, die ebenfalls auf diese Weise ein paar persönliche Themen aufgedeckt hat, traf fast unmittelbar nach ihrer letzten Sitzung den neuen Mann an ihrer Seite, und das nach fünf Jahren Single-Status. Ich habe ebenfalls Schmetterlinge im Bauch, auch wenn ich nicht verliebt bin.

Den Ursachen auf den Grund gehen

In der Medizin der Zukunft wird es darum gehen,
die energetischen Schwingungen im Körper
zu beeinflussen.
(William Tiller, Nobelpreisträger)

Die elektrische Kraft des Herzsignals (EKG) ist bis zu sechzig Mal stärker als das elektrische Signal des Gehirns (EEG), ganz zu schweigen vom magnetischen Feld des Herzens! Forscherberichten liegt die Behauptung zugrunde, dass das Herz der stärkste Generator elektromagnetischer Energie innerhalb des ganzen Körpers sei. Selbst in einem Spenderherz seien Gefühle gespeichert, die der neue Empfänger wahrnehmen kann.

Natürlich wissen wir, dass Schmerzen und Krankheiten ihre Ursache haben, und dennoch werden sie mit Medikamenten zum Schweigen gebracht. Es ist kein Versagen, an seine Grenzen zu kommen und sich ausgebrannt zu fühlen! Wir sind nicht stark, weil wir es schaffen, unsere Schwächen zu verstecken. Wir sind stark, weil wir uns ihrer bewusst sind und uns ihnen stellen. Sein, wie wir sind – für wen da draußen wollen wir uns anders zeigen? Für wen noch mehr, noch besser und noch schöner werden? Wir kennen die Menschen, die sich nach außen hin groß zeigen müssen, um die innere Leere zu kompensieren. Doch mit einem Porsche kann man nicht sprechen, mit einer Villa nicht kuscheln und ein Segelboot sagt einem nicht, wie sehr es uns mag.

Wie schnell reagieren Sie auf Stimmungswechsel oder auf Zeichen, die Ihnen Ihr Körper, Ihre Haut senden? Der Seele ihren Stress zu nehmen ist ein langwieriger Prozess, ja sogar einer, mit dem wir ständig beschäftigt sind. Auf die Schnelle können wir Stimmungswechseln mit Nahrung, die Einfluss auf Gemüt UND Körper nimmt, entgegenwirken. Und in der Zeit, in der wir uns eher »dunkel« fühlen, können wir uns darüber hinaus der Kraft von Farben und Licht bedienen. Kleidung, Make-up, Wohnaccessoires und besondere Gewürze im Essen tun schon einiges.

Menschen, die zu depressiven Verstimmungen neigen, sollten zu Mikronährstoffergänzungen greifen (Vitamine, Spurenelemente, sekundäre Pflanzenstoffe, Omega-3-Fettsäuren, L-Carnitin). Ich habe schon oft gedacht, wie sehr mir der Begriff *happy food* (analog dazu: *happy living* und *happy clothes*) gefällt. *Happy food* für literweise Serotonin (Glückshormon im Gehirn), weil nicht nur Genuss glücklich macht, sondern es auch ganz bestimmte Inhaltsstoffe tun. Sich glücklich essen! Sich glücklich kleiden! Sich glücklich einrichten! Kommen Sie, das sollen unsere Vorhaben der Gegenwart und Zukunft sein!

Den Kick für den Augenblick kennen wir doch alle – die Hand in der knisternden Chipstüte, wenn wir nach Nervennahrung schreien und von Karottenstäbchen als Alternative nichts wissen wollen. *Mood food* für die Seele versteckt sich unter anderem aber auch in Cashewnüssen, Datteln, Feigen, Bitterschokolade. Doch weil Serotonin allein nicht die

Hirn-Schranke passieren kann, braucht unsere Nussschale den Eiweißbaustein Tryptophan. Lebensmittel mit hohem Tryptophan- und niedrigem Eiweißgehalt bilden Serotonin. Gesund kann also nicht nur lecker sein, sondern erst recht stimmungsaufhellend.

Apropos Motivator (»Moodivator«) – quält Sie jeder Bissen zu viel, oder genießen Sie, was Sie zu sich nehmen? Es heißt, wer langsam isst, die Nahrung gut zerkaut und ohne Reue speist, nimmt in dem Tempo zu, wie er verzehrt. Ich persönlich lache über ein Gramm mehr auf meinen Rippen und trage mein Hüftgold nebst Rundungen ganz uneitel mit mir spazieren, immerhin handelt es sich um weibliche Attribute! Gleichzeitig erfreut es mich, wenn etwas zu enge Hosen plötzlich wieder Spielraum haben. Die Zeiten, in denen ich drei Mahlzeiten durch eine Tafel Nugatschokolade ersetzen und niemand es mir ansehen konnte, sind leider vorbei! Nervennahrung genieße ich nur hektisch und in mich hineinstopfend. Natürlich spielen auch Veranlagung und Knochenbau eine Rolle, aber abfinden müssen wir uns mit gar nichts, und am allerwenigsten mit Unzufriedenheit.

Mantra: Ich esse lecker, gesund und stressfrei, denn Stress beim Essen stresst Körper und Geist. Ich mache kleine Nahrungssünden nicht zu einem weiteren Problem. Ich gönne mir, worauf ich Lust habe, weil Lust in meinem Leben endlich wieder eine große Rolle spielen muss!

Aufgabe: Gehen Sie Ihre Essensvorräte durch und werfen Sie Abgelaufenes in die Tonne. Entwerfen Sie neue Speisepläne und verschenken Sie, was nicht auf den Plan gehört.

Hängen Sie eine Liste der Lebensmittel an den Kühlschrank, die nicht nur gesund sind, sondern auch lecker. Sie können sie sogar einrahmen!

Und nun kommen wir von der ersten Haut zur zweiten – der Kleidung! Es wird weniger um Mode gehen, eher um ziemlich Wissenswertes.

Kleidung

Kleider machen Leute. Und Leute machen Kleider. Gerade die weibliche Liga ist Designern, Spürnasen, Modebloggern und Direktricen für Inspirationen, Tipps und Trends äußerst dankbar. Kleidung beeinflusst unsere Stimmung, gleicht aus, unterstreicht und betont Figur und Ausstrahlung. Die Welt der Schaufenster und Onlineshops – ein Dorado an Accessoires, Kleidung und Schminke. Eine Frau zu sein, zu verführen, zu umgarnen, Sex und Sinnlichkeit auszustrahlen, welch ein Genuss, welch ein Vergnügen! Und manchmal ist es gar ein Spiel, ein Rollentanz.

Kommen Sie, wir schauen uns in Kleiderschränken um! Teilen Sie meine Sehnsucht vom Traum nach einer groß- zügigen, geräumigen Ankleidekammer, dem begehbaren Schrank, wie wir ihn aus Serien wie *Sex and the City* ken- nen?

Nun hat meine eigene Realität nicht im Entferntesten da- mit zu tun, doch immerhin besitze ich rund fünfzehn Teile von Topqualität und top kombinierbar, könnte also jeder- zeit bei jedem Anlass punkten. Mir fällt es nicht schwer,

49

mich innerhalb kurzer Zeit durch minimalen Austausch einiger Accessoires vom Vamp zur Diva und vom Glamourgirl zurück zur lässigen Hausfrau zu verwandeln.

Trotz Sehnsucht nach einer eigenen Umkleidekabine habe ich aus Platzmangel nur einen kleinen Schrank in meiner Wohnung. Und ab und zu werden die überschaubaren Stücke natürlich ausgetauscht, dann soll etwas Altes etwas Neuem weichen. Klingt nicht sonderlich nach »typisch Frau«, was die Menge angeht, doch gleichzeitig geht nichts über die weibliche Meisterleistung und Fähigkeit zur Verwandlung. Sogar mein Schuhschrank könnte noch in einen Trolley passen. Apropos – fahren wir nicht alle mit nur einem Koffer in den Urlaub und werden vor Ort zu Virtuosinnen im Kombinieren? Wir vermissen nur etwas, wenn »falsche« Garderobe mitgereist ist.

Wie lange haben Sie sich nicht mehr intensiv Ihrem Schrankinhalt gewidmet? Seinem Inhalt, den »richtigen« und »falschen« Stücken (zu eng – zu alt – zu kaputt – zu unpassend – zu unbequem und unmodisch). Sie schauen zwar jeden Tag hin, doch Aufmerksamkeit geht anders. Tun wir es gemeinsam.

Garderoben-Check

Die falsche Garderobe gibt es wirklich, das wird Ihnen nicht unbekannt erscheinen. Wenn uns ein Trend mal wieder blendet, weil uns die Pin-up-Girls in Katalogen mit diesem Hochglanzhonigkuchengrinsen unvorbereitet zu Käufen »nötigen« und wir vor lauter Unvermögen, objektiv zu sein, unseren persönlichen Typus außer Acht lassen, so dass sich nicht selten der Kauf als ein Frustkauf entpuppt. Jedes Kleidungsstück kleidet jeden Menschen anders, und mich erst recht, denke ich manchmal.

Es kann nicht unser sein,
was uns weder schmeichelt noch aufwertet
(herrlich übertragbar auch auf Partnerschaften)!

Warum nicht mal einen Typberater buchen, der zeigt, wie richtig (wichtig) eine Einkaufsberatung und -begleitung sein kann, wenn man sich nicht weiter in die Irre führen lassen will. Was man braucht, sind Mut, Neugierde und Offenheit, sich einzulassen und von einem anderen (professionellen) Blick inspirieren zu lassen. Nicht ohne Grund schießen persönliche Beratungsdienstleistungen wie Unkraut aus dem Boden. Die Menschen sind auf einer Reise zu sich selbst, und manchmal halten sie dabei eben Händchen mit jemandem, der sie auf diesem Weg begleitet. Sich finden und erfinden, statt sich weiterhin abzufinden. Wenn es besser werden soll, dann muss es anders werden.

Eine Freundin hat mir mal einen wirklich tollen Tipp gegeben:

Schlüpfe beim Shopping mal in Kleidung,
die du vorher nicht beachtet hast.
Du wirst erstaunt sein, was dir steht,
von dem du es nicht gedacht hättest.
Erweitere mal deinen Fokus und
lass dich einfach überraschen.

Ich beherzige das in der Tat, selbst wenn ich gar nichts kaufen will. Dann schlüpfe ich, wenn ich Zeit habe, in ausgefallene Sachen, mache ein Selfie und gehe wieder heim. Bringt Spaß!

Ein Designer hat einmal in einem Artikel »fremde« Kleidung definiert. »Fremde« Kleidung zu tragen bedeutet, etwas zu tragen, das die eigene Persönlichkeit nicht unterstreicht. Das objektive Auge erkennt den Menschen hinter der Kleidung nicht, und derjenige, der die »fremde« Kleidung trägt, findet nicht zu seinem vertrauten Körpergefühl und strahlt dies aus.

Subjektivität bringt uns bei Kleidung nicht wirklich weiter, denn auch wenn wir uns zum Beispiel zunächst ganz wohl in einer bestimmten Hose fühlen – ob sie uns auch steht, steht woanders geschrieben. Es ist natürlich schön, wenn man liebt, was einem steht, und wenn einem gut steht, was man haben will. Aber so einfach ist es für die meisten nicht. Zu wissen, was einem steht, ist harte Arbeit. Und sie ist wichtig, wir sollten doch etwas kritischer bei unserer Kleiderwahl sein, denn sie ist unsere Visitenkarte!

Besonders kritisch sollten wir auch bei dem sein, was wir schon im Schrank hängen haben. Mit dem Loslassen »falscher« Garderobe, die unsere Schränke erstickt, beginnt der richtige Weg. Dann nichts wie auf in die Praxis! Und vielleicht haben Sie nach dem Loslassen auch Lust auf eine neue Stilrichtung oder auf Experimente? Vielleicht auch Lust, langweiliger Kleidung einen neuen Pep zu verschaffen?

Wie erfinderisch wir noch in jungen Jahren waren, weil das Sparschwein am Dritten eines Monats schon komplett geleert war. Mit Freundinnen schnitt ich Löcher in Shirts, übersprühte alte Schuhe immer wieder und nietete oder bekritzelte meine Jeanshosen. Was waren wir arm an Knete, doch reich an Ideen. Wenn Ihnen nur das kreative Händchen fehlt, dann hilft der Schneider um die Ecke!

Ein Blick in viele Kleiderschränke verrät: Es werden in der Regel immer dieselben Sachen getragen. Warum dann wertvollen Platz an das verschwenden, was unberührt und ungesehen bleibt, was immer nur zur Seite geschoben und dadurch zum Schrankhüter wurde?

Auch ich phantasierte mir oft die Geldscheine an die Bügel, und in Wahrheit hing zu meiner Schande tatsächlich hier und da ein Etikett an manchem Kleidungsstück – der unmissverständliche Beweis für einen Fehlkauf. Es lebe die Verschwendung, die Dekadenz und der falsche Konsum! Oder ist es ein Zeichen für Kompensation? Die hat bei vielen Menschen Hochkonjunktur.

Was der Antrieb in jedem Einzelfall auch war, im Ergebnis stauben in allen Schränken viele kleine Übeltäter vor sich hin. Man könnte sie auch Platzschmarotzer schimpfen. Wenn Kleiderschränke sprechen könnten, was würden diese stummen Zeugen von unbändigen Wut- und Verzweiflungsausbrüchen erzählen! Also, tun Sie sich und Ihrem Schrank einen Gefallen und bereiten Sie dem Frust ein Ende: Weg mit dem, was Sie morgens schon übellaunig anglotzt und nicht einmal aus Mitleid mehr getragen wird.

Mantra: Auch bei meinen Klamotten keine Kompromisse mehr – ich bin doch auch keiner!

Wir sind: Persönlichkeit! Und die kleiden wir ein in unseren eigenen und individuellen Stil, der in erster Linie natürlich uns selbst überzeugt, was heißt, wir strahlen dann Zufriedenheit aus. Es wird Zeit, uns mit uns selbst auseinanderzusetzen, denn den persönlichen Stil zu finden kann ein längerer Prozess sein. Und wer kein Händchen für Mode hat, den erwischt es dann eiskalt. Was trugen wir mit zwanzig? Ist eine Linie erkennbar? Etwas »Typisches« oder Charakteristisches?

Kleidung ist Ausdruck, Haltung und Wertvorstellung. Der erste Eindruck – im schönsten Fall zieht er an, im schlimmsten stößt er ab. Ich sehe Frauen mit Pullis voller Wollmäuse und frage mich, in welchen Bereichen es noch an Nachlässigkeit mangeln könnte. Ich sehe graue Mäuschen und »hässliche« Entlein und frage mich, warum sie Angst haben, gesehen zu werden, geschweige denn, beachtet zu werden? Ich sehe Männer in schicken Anzügen, doch stecken sie in Schuhen mit abgelaufenen Absätzen.

Es geht nicht darum, aufzufallen, es geht darum, beachtet zu werden. Wobei ich gegen ein wenig Bewunderung natürlich auch nichts einzuwenden hätte!

In den Jahren als »Wohnkosmetikerin« durfte ich nicht nur Möbel verrücken, nachdem meine Kunden mit meiner Hilfe das Loslassen gelernt hatten; oft genug wurde ich um das Sichten der desolaten Zustände in den Kleiderschränken gebeten. Wenn ich die Meter von Schranktüren zusammenzählen würde, die für mich geöffnet wurden, ich könnte eine Linie um die Erdachse ziehen. Und wenn ich alle vollen Blausäcke zusammenzählte, in denen dabei Ausrangiertes gelandet ist, es hätte wahrscheinlich ein Dorf eingekleidet.

Doch weil die Sachen wirklich in den Müll gehörten, holte uns das schlechte Gewissen nicht mehr ein. Könnte ich das Geld summieren, das für Fehlkäufe draufgegangen war, wie viel sinnvoller wären ein Wellness-Wochenende, die Mitgliedschaft im Sportverein oder, im größten Fall, eine Kreuzfahrt gewesen. Etwas, das unser Erlebniskonto füllt, tut uns gut, nicht das Auffüllen unserer Schränke, hier ist die Freude nicht von langer Dauer.

Aufgabe: Ran an den Speck! Wir schmeißen heute den gesamten Inhalt unserer Kleiderschränke (ebenso Schubladen, Fächer, Kartons) auf den Boden. Dann wird ausgesaugt, gewischt und völlig neu zurücksortiert, nachdem wir bis auf eine schöne Basis reduziert haben. Ein Hoch auf die Lieblingsstücke! Ein »Ich weiß nicht« tendiert immer zum Nein. Wie viele brauchen wir von solchen Stücken? Keins! Am besten, Sie entscheiden in Windeseile, dann hat der Kopf auch keine Zeit, sich einzuschalten und noch abzuwägen. Das Ziel ist stets ein zweifelsfreies Ja! Und zur Belohnung gibt es für die Schrankkleidung einen Bügel aus Samt. Draht und Plastik müssen nicht sein, das wertet auch das schönste Stück ein wenig ab. Gestalten Sie einen Schrank, wie er in Hollywood gang und gäbe ist. Oder gibt es eine Kammer in Ihrer Wohnung? Gestalten Sie sie um, in ein kleines Modelädchen. Ach, ich würde Sie darum beneiden! Und? Wie gefällt Ihnen das Ergebnis? Haben Sie neue Kombinationen entdeckt und die Kleidung anders angeordnet und aufgehängt? Sortiert nach Stil, nach Farbe oder nach Saison. Sie können neue Kombinationen auch fotografieren und die Bilder an die Innenseite Ihrer Schrankwand kleben. Eine Kundin von mir hatte ihre rund dreißig Paar

Schuhe mit Duftsäckchen in einheitliche Kartons gepackt, alles nach Einsatz gestapelt und vorn ein Polaroidfoto des Schuhpaars aufgeklebt. Dafür gab's von mir den Stern des Tages!

Tipp: Kleine Modenschauen (mit Partnern oder unter Freundinnen) haben großen Unterhaltungswert. Auch Klamottentausch-Treffen zum Nulltarif sind ein echtes Vergnügen. Wo kann man schon shoppen auf lau?

Auf Wiedersehen, falsche Vorstellungen!

Das Interessanteste und zugleich Schmerzvollste (Scherzvollste) ist wohl der Abschied von falschen Vorstellungen: »Da passe ich bestimmt mal wieder rein!« Ja klar, wenn wir mit neunzig zarter, kleiner und gebrechlicher geworden sind, doch stehen wird's uns dann gewiss nicht mehr. »Das war so teuer!« oder »Das war von meinem Ex!« sind auch beliebte Argumente, das Festhalten zu verteidigen.

Der Anschaffungspreis als Argument zum Festhalten soll heute aber nicht gelten! Tragen Sie teure Kleidung lieber und öfter? Meistens ist es eher umgekehrt, weil wir besonders wertvolle und ausgefallene Garderobe gern schonen und sie uns für besondere Anlässe aufheben. Und wie oft gibt es diese Anlässe, zu denen wir das exklusive Stück ausführen können? Sehen Sie, schade um das schöne Geld!

Der Ex ist weg, was klebt noch an der Bluse? Erinnerungen, Sehnsucht oder (hoffentlich) schon Gleichgültigkeit?

Erinnern wir uns an den einen Reisekoffer, bestückt mit lauter Lieblingsstücken. Lieblingsstücke – ich liebe dieses

Wort! Halbherzigkeiten haben nichts mit Ihnen zu tun. Fort mit »vielleicht« oder »ich weiß nicht«!

Mantra: Ich weiß, wozu ich ja sagen will. Mit Ungeliebtem, Gleichgültigem und Unpassendem soll endlich Schluss sein!

Eine Frau ist, was sie trägt, oder trägt sie, was sie ist? Wie viel in Ihrem Kleiderschrank ist passend und »typisch« für Sie? Unterstreichen und schmeicheln Ihnen noch Stoff und Schnitt? Sie hängen an einem Rock, der lange schon nicht mehr passt, doch den Sie nicht loslassen wollen, warum auch immer? Dann verwandeln Sie ihn, lassen Sie ihn umschneidern und umfunktionieren, zum Beispiel zu einem Kissen oder einer Tasche.

Wie frei sind Sie von Urteilen (Wertungen) anderer? Brauchen Sie Bestätigung und/oder lassen Sie sich schnell beeinflussen, manipulieren und von jemandem »passend« machen und formen? Wie klar und überzeugt sind Sie von Ihrem Inneren und Äußeren? Denken Sie über Ratschläge von anderen oft: »Die anderen meinen es nur gut mit mir«? Was ist denn mit Ihnen, was denken Sie über sich? Haben Sie eine eigene Meinung. Seien Sie Ihre eigene Meinung!

Aufgabe: Gehen Sie öfter mal allein los, lassen Sie sich treiben und überraschen. Liebe auf den ersten Blick (Griff) – das gibt es auch bei Kleidung! Und wenn es wirklich Liebe ist, dann ist es auch richtig und bedarf noch nicht mal einer zweiten Meinung! Nur bei Unsicherheit hilft das geschulte Auge eines Beraters.

Kleidung versteckt und wärmt uns. Und vielen reicht es aus, wenn Kleidung einfach ihren Zweck erfüllt. Für mich erfüllt Kleidung eher ein Bedürfnis: das Spiel mit der Wirkung von Mustern, Farben und Schnitten. UNSERE Kleidung ist eine, die uns nicht nur schützt und unseren Typus unterstreicht, sie schmeichelt und entwirft uns auch. Wir unterscheiden also zwischen sich anziehen und sich kleiden. Wir müssen nicht jeden Trend mitmachen, müssen uns nichts vorschreiben lassen. Trends sollen Inspirationen sein, keine Gesetze. Wollen wir, dass alle gleich aussehen, als wären wir uniformiert?

Es gibt zwar Menschen, die sich modisch kleiden, aber trotzdem nicht schön anzusehen sind, weil sie tragen, was ihnen – ganz objektiv gesehen – nicht steht und was nicht zu ihnen passt. Und meistens fällt das auf, weil sie nicht selbst überzeugt zu sein scheinen und das ausstrahlen. Selbstbewusstsein ist das i-Tüpfelchen von Schönheit und Ausstrahlung. Unsichere Menschen sind viel schneller einer Modewelle (Massen) erlegen, wohl weil sie ihre eigene noch nicht gefunden haben und auf jemanden hören müssen, der sie führt. Also, es geht nicht darum, unmodisch auszusehen, sondern auf keinen Fall komisch. Und wenn wir uns schon führen und beraten lassen, dann bitte nur von jemandem, der auch uns sieht, uns auf keinen Fall seinen persönlichen Geschmack aufzwängt.

Aufgabe: Stoppen Sie den Kauf von Kleidungsstücken, die Sie sich erst schön genug gucken, bevor Sie sie zur Kasse tragen.

Mantra: Dem nächsten Zögern gebe ich einen Korb und lasse es links liegen. Ich warte, bis ich jubelnd zuschlagen muss und es kaum erwarten kann, das Stück nach Hause zu tragen. Ich will meine Individualität betonen, überzeugt sein und keine künstliche Schönheit, geschweige denn eine Kopie aus mir machen!

Wir sollten nicht aus dem Gefühl der Leere, der Kompensation oder der Frustration heraus kaufen. Bevor Sie das nächste Mal zur Kasse gehen, hinterfragen Sie kurz den Anlass, die Motivation und das Gefühl, die Sie zum Kauf antreiben!

Gut Ding braucht Weile – und so entdecken wir manchmal erst Dinge, wenn wir losgelassen haben und nicht mehr krampfhaft auf der Suche sind. Das Beste kann man nicht erzwingen, aber es ist auf dem Weg, wenn wir offen, aber nicht krankhaft sehnsüchtig sind. Erinnert das nicht auch an die Liebe, die wir uns wünschen? Wir gehen auch nicht los und kommen mit ihr nach Hause zurück. Sie ist auf einmal da, meistens, wenn wir nicht (mehr) mit ihr gerechnet haben.

Wir kennen wohl alle das Gefühl, noch an der Kasse plötzlich an dem Kauf zu zweifeln. Doch wer bricht schon den Vorgang ab, wenn eine ohnehin genervte Verkäuferin bereits alles eingetippt und eingetütet hat? Ich nicht! Ganz schön blöd, denn der Verkäuferin sind meine Zweifel egal. Und überhaupt bin ich ihr ganz egal, warum also sollte ich Mitleid mit ihr haben? Ich gebe zu, ich würde nächstes Mal in großen Kaufhäusern üben, meinen Zweifel ernst zu nehmen, doch in den kleineren Boutiquen fiele mir das sicherlich noch schwer. Die wären doch von meinem Geld abhängig, anders als die Großen, die einen als Kunden nie wiedererkennen würden. Ich habe eher Mitgefühl mit mir, meinem Geld und meinem Kleiderschrank.

Menschen, die mit voller Inbrunst und Überzeugung sich selbst und ihren Stil zur Schau tragen, die haben dieses wunderschöne Accessoire: Selbstbewusstsein. Und das ist schon per se sehr attraktiv, da können manche tragen, was sie wollen, solange sie nicht eingebildet und hochnäsig wirken. Und so gilt unterm Strich: Wovon wir (durch uns selbst) überzeugt sind, ist richtig, weil es sich gut anfühlt. Was macht glücklicher als ein JA zu etwas (oder jemandem)? Erinnern wir uns einfach immer wieder der Glücksgefühle beim Kauf eines (Lieblings-)Produkts und an die Vorfreude, es zu Hause endlich auspacken, zeigen und ausführen zu können!

Hören Sie immer auf Ihren Bauch, der Verstand (Kopf) hat bei der Auswahl der Klamotten nichts zu melden. Am besten ist es auch, es gibt gar keinen direkten oder dringenden Anlass für einen Kauf, denn das erzeugt nur Druck.

Kleidung ist unser Spiegel, unser Ausdruck, unsere Visitenkarte, aber gleichzeitig auch eine Maske, eine Kostümierung, unter der wir uns ein wenig verstecken beziehungsweise auch mal jemand anders sein oder etwas anderes verkörpern können. Faszination und Täuschung liegen oft ganz eng beieinander. Eine Verkleidung macht noch keinen neuen Menschen aus uns, aber genießen wir doch eine Weile die Wirkung, die wir überraschenderweise erzielen können/wollen, und das Gefühl, das wir dabei haben.

Und nun ist's Zeit für die Gemütlichkeitsklamotte – wir machen einen ganz bequemen Streifzug durch unsere Räume!

Wohnen

Das Zuhause, das ist unser Zufluchtsort, unser Kokon. Es ist so viel mehr als ein paar Wände mit Decken. Es ist der Ort zum Entspannen, Ankommen, Träumen, Feiern und Verführen. Wie selbstverständlich nehmen Sie Ihr Zuhause als ein solches? Schenken Sie ihm genügend Beachtung? Als Wohnkosmetikerin habe ich sie geliebt, die Tatorte der Menschen, die mich riefen, um unter meiner Anleitung und gemeinsam mit mir auf Spurensuche nach Schätzen und Überflüssigem zu gehen. Nach Möglichkeiten der Veränderung, nachdem wir das Loslassen und Ausmisten beendet hatten und betrachteten, was bleiben durfte. Dann wurde liebevoll zurechtgerückt, wobei vieles einen neuen Platz bekam. Manchmal musste auch ein Raumtausch her. Aber das Beste war wohl die Wirkung, die das Brechen der alten Ordnung zur Folge hatte.

Jeder Raum hat Potenzial, egal wie klein er ist. Und jeder Raum hat sein eigenes Thema, warum ihm also kein Gesicht verpassen? Der Kreativität sind keine Grenzen gesetzt. Doch zunächst sollten wir uns mit den Räumen vertraut machen. Erst recht mit jenen, die sich nicht wie ein »Zuhause« anfühlen.

Im Alltagsstress verliert sich oft der Blick, und auch die

Wahrnehmung ist eingeschränkt. Können Sie genau aufzählen, was sich hinter Ihren geschlossenen Schranktüren alles versteckt? Was zeigen Sie gern, was stopfen Sie lieber weg? Ist alles am richtigen Platz, oder fühlt sich das Gesamtpaket unstimmig, strukturlos und überfrachtet an? So sehr, dass es Ihnen aufs Gemüt schlägt und so richtig auf die Nerven geht? Wie oft wandern die Dinge von A nach B, weil sie einfach noch nicht ihren Platz gefunden, noch nicht »angekommen« sind? Wo viel vorhanden ist, da herrscht auch viel Bewegung. Und je mehr Bewegung, desto mehr Stress und Arbeit. Genau, was wir vermeiden wollen, weil wir davon schon genügend haben.

Sehnen Sie sich nach Minimalismus, Purismus und Reduktion, oder fürchten Sie die vermeintliche Kälte und Leere, mit der Sie diese Begriffe bisher verbanden? Keine Sorge, diese Angst ist unberechtigt. Fiele es Ihnen schwer, oder fiele Ihnen ein Stein vom Herzen, wenn Sie wüssten, wie Sie zum Minimalismus finden? Gefiele Ihnen die Vorstellung, es bereits hinter sich gebracht zu haben, wenn ich Ihnen sagte, dass das Gefühl von Leere nicht entsteht, weil Räume wenig Inventar haben?

Es gibt verschiedene Möglichkeiten, etwas loszulassen: wegschmeißen, verschenken, spenden, verkaufen. Wenn uns die Fülle, die uns umgibt, die Luft zum Atmen nimmt, wenn sie bedrückt, dann ist es an der Zeit, unseren Bestand unter die Lupe zu nehmen. Wann? Heute! Jeder Unwohltag ist einer zu viel!

Brauchen oder lieben – was trifft eher auf Ihre Anschaffungen zu, und wovon gibt es mehr? Ist Ihre eigene Präsenz trotz Fülle noch gewährleistet, oder fühlen Sie sich bereits von allem Drumherum erschlagen, finden weder Ruhe noch ein chilliges Plätzchen? Wie eingeschränkt ist Ihr persönlicher Radius, und wie gern laden Sie Gäste zu sich ein? Lassen Sie uns Bedürfnisse und Anschaffungen »detoxen«, »kompensierte« Nervennahrung erkennen, Stücke, die wir nicht aus Liebe, sondern aus einer Bedürftigkeit heraus gekauft haben, und ihnen zukünftig widerstehen!

> **Mantra:** Ich muss von nichts und niemandem abhängig sein! Alles, was ich brauche, ist bereits in mir vorhanden. Ich sehne mich nach dem, was ich liebe, und erkenne endlich den Unterschied zwischen Nutzen, Kompensation und Emotion.

Wenn Ihre Wohnung mit Ihnen sprechen könnte, was würde sie wohl sagen? Mit welchen Begriffen würden Sie Ihre Räume oder den gesamten Wohnbereich beschreiben? Schlüpfen Sie in die Rolle der Zimmer und betrachten Sie sich als deren Mieter. Oder seien Sie der neue Besucher. Welche Stimmung, welche Atmosphäre steigt in Ihnen auf? Notieren Sie auf einem Blatt Papier Begriffe, die das am besten beschreiben. Am liebsten hätte ich natürlich, dass Sie einen Brief an Ihre Wohnung schreiben oder an eine, die Sie sich wirklich wünschen. Sehen Sie sich als glücklichen Mieter, schließen Sie die Augen und blättern Sie gedanklich durch den Katalog Ihrer neuen Wohnung.

Nachdem Sie Profiler gespielt haben, werden wir konkret und schauen uns das Inventar der Räume an. Lassen Sie uns einen Rundgang machen. Ihre Aufgabe dabei: Finden Sie in jedem Zimmer fünf Lieblingsstücke, auf die Sie niemals verzichten würden! Betonung auf LIEBLING! Und das ist wichtig, ich will nicht die fünf Dinge, auf die Sie verzichten könnten, ich will, dass Sie fünf wählen, die Sie unter allen Umständen behalten wollen.

Mehr Minimalismus wagen

Eine Freundin, die nach traumatischen Erlebnissen ihr Zuhause seit fünfzehn Jahren nicht mehr verlassen hat, hat das Beste aus ihrer Situation gemacht. Sie lebt den absoluten Minimalismus, und auch die Freunde fühlen sich sehr wohl bei ihr. Wer einmal bei ihr war, der ist gebannt und fasziniert von so viel Übersicht, Struktur und Klarheit. Das Inventar ist an zwei Händen abzuzählen, warum sie in Windeseile und aus Herzenslust immer wieder umstellt. Das Bonbon dieses Wohnens: Die Klarheit zieht sich bis in alle Tiefen. Weiß herrscht bei ihr nicht nur an der Oberfläche. So finden sich weiße Messer, weiße Kräuterübertöpfchen, weiße Kleberollen, weiße Kulis, weißes dies und weißes das hinter ihrer Schrankwand. Als habe jemand seine Wohnung Schicht um Schicht geschält. Als habe er alles entstaubt, um gleichzeitig an seine eigenen Tiefen zu kommen, ohne Angst, was dort zu entdecken ist, um noch klarer zu werden. Der therapeutische Effekt lässt sich nachvollziehen, auch wenn sie ihr Ziel noch nicht erreicht hat – sich ihr Leben außerhalb der heimischen Räume ohne Panikattacken zurückzuerobern und den Bewegungsspielraum endlich zu erweitern.

Faulheit ist das eine, Ignoranz das andere, doch alles zusammen weckt den Schweinehund in uns und gibt ihm mächtig Futter. Als steckten wir mitten in einer Verschwörung. Ein

Teufelskreis, aus dem man sich oft nicht allein befreien kann, je tiefer man drinsteckt. An dieser Stelle ein Dank an jene Dienstleister, die Hilfsangebote schnüren, um Menschen mit Verzweiflung und Hilflosigkeit an die Hand zu nehmen.

Was, wenn wir nur einen Lebensraum besäßen, in dem alles unterkommen müsste, was uns wichtig ist und uns (emotional) bereichert, was unverzichtbar zu einem gesteigerten geistigen Wohl beiträgt? Wir ahnen wohl, dass wir auch das schafften, doch solange wir es nicht müssen …

Wir sollten uns immer wieder vor Augen führen, dass wir am Ende unseres Lebens nur das SEIN mitnehmen, nicht das HABEN. Und dass wir im Grunde nichts anderes brauchen als das, was wir nicht kaufen können.

Für heute gilt: Wer wahrlich IST, HAT alles, was er braucht. Materielles ist nur die Verzierung. Wer wären wir, wenn wir morgen alles gehen ließen?

Lassen Sie uns nicht mehr brauchen *müssen,* sondern nur noch brauchen *wollen,* unabhängig von dem, was notwendig ist und zur Basis gehört: Bett, Schrank, Tisch und Couch und etwas Deko. Mehr noch aber Stimmungen – durch Licht, Gerüche, Wärme, Kerzen und vielleicht Musik.

Ausmisten – auf in die Praxis!

Endlich geht er los, der Tag, an dem Sie sich ausschließlich Ihren Räumen widmen. Endlich war die Stimme laut genug, der Druck nicht länger auszuhalten und der Trieb immens.

Gehen Sie davon aus, dass Ihnen nach der ersten Stunde schon wieder der kleine Satan im Nacken sitzt, um Ihnen zuzuflüstern, es gäbe wirklich Wichtigeres und Sinnvolleres, um seine Zeit rumzukriegen. Morgen reiche doch auch, oder übermorgen, da passt es eigentlich auch besser, da soll es doch regnen. STOPP! Nichts ist befreiender, als endlich eine Entscheidung getroffen zu haben, die von enormer Auswirkung ist. Hören Sie nicht auf Ihr Ego, dieser Tag gehört dem Neuanfang, einem Wunsch aus tiefster Seele.

Es gibt verschiedene Wege, zu beginnen. Sie können an jede Klinke eine Mülltüte binden; Sie können sich pro Woche aber auf einen Raum beschränken. Sie allein bestimmen das Tempo, doch verlieren Sie nicht Ihr Ziel aus den Augen. Sie könnten heute auch nur mit den Büchern oder der Vorratskammer beginnen. Worauf auch immer Ihre Wahl fällt, werfen Sie nicht hin, nur weil nach Stunden kaum Veränderung wahrzunehmen ist. Was kommt eher, die äußere oder die innere Warnung? Es kann sehr unterschiedlich sein. Reduktion auf das Wesentliche! Klingt das nicht wundervoll? Umgeben zu sein von lauter Dingen, zu denen Sie aus dem Bauch heraus JA gerufen haben. Der Rest darf endlich gehen. Mit welchen Dingen fühlen Sie sich noch verbunden und können sich identifizieren? Würden noch mehr Dinge losgelassen, wenn an ihnen nicht der Wert der Anschaffung hinge? Bitte, versuchen Sie, den Kopf auszuschalten! Was immer Sie umgibt, sind Sie! Sind Sie wirklich, was Sie sehen?

Für viele meiner Kunden war der erste volle Müllsack, der in die Tonne geworfen wurde, mit Hemmschwellen verbunden. Doch der zweite und erst recht der letzte waren regelrechte Befreiungsschläge! Nach der Tonne gibt es kein Zurück mehr. Auf wie viele Tüten werden Sie es bringen? Sie könnten auch für jeden Gegenstand, den Sie loslassen, eine Strichliste machen oder den vollen Sack fotografieren!

Vergessen Sie nicht: Jedes Zögern ist ein Zweifeln. Das Land der Zweifel ist ein Niemandsland, Sie brauchen Klarheit, im Kopf und in den Räumen. Sagen Sie JA zu dem, was bleiben soll, und NEIN zu dem, was gehen darf. Sie sollen doch auch JA sagen zu dem, was Sie erwartet, wenn Sie alles losgelassen haben, das wertvollen Platz belegte. Endlich soll kommen, was zuvor nicht kam. Wohin denn auch?

Räume als Spiegel der Seele

Was braucht ein Raum genau, was sein Bewohner, um das Gefühl von »Zuhause« auszustrahlen? Der Zustand unserer Räume ist unser Spiegel. Was wir anschafften, womit wir leben, was wir zeigen und was wir verdrängen – es spiegelt uns. Gefällt uns, was wir sehen und entdecken, oder trauen wir uns nur noch nicht, genauer hinzuschauen?

Möbel und Deko sind die Kleidung der Räume, doch je mehr wir die Räume verkleiden und verpacken, desto mehr verbauen wir die Basis, rauben uns wertvollen Platz, überfluten uns und gehen darin unter. Staub und Dreck könnten die Folge sein. Lust auf gründlich putzen? Keine Chance, wir müssten viel zu viel beiseite schaffen. Nach und nach kriegen wir keine Luft mehr, ekeln uns vor den Räumen und nicht weniger vor uns selbst. Wir gehen unter, werden nicht nur kleiner, sondern fühlen uns auch so. Wir werden von dem verschluckt, was uns stresst. Sollten wir lernen, mit der Fülle um uns herum besser umzugehen, oder loslassen? Womit würden Sie sich wohler fühlen? Ich wünsche mir für Sie, und das gilt auch in den anderen Lebensbereichen, dass Sie sich niemanden zum Festhalten, sondern zum Loslassen suchen.

Ab wann ist für Sie »voll«? Bahnen Sie sich einen Weg von Zimmer zu Zimmer und müssen dabei immer wieder stolpern?

Was fürchten Sie am meisten? Wovor haben Sie Angst? Welche ist berechtigt, welche einfach vorgeschoben? Am Ende ist es stets die Angst, die uns im Leben am Leben hindert.

Ich begegnete regelrecht »Schutzmauern« in meinen Einsätzen, hinter denen sich der Mensch verschanzt hatte. Obwohl er mich gerufen hatte, war die Angst davor, den Boden unter den Füßen zu verlieren, oft immens. Einige meiner Kunden hatten sich regelrecht verschanzt und bildeten sich ein, sich sicher zu fühlen. Vor wem oder was hatten sie Schutz gesucht? Sie wussten es oft selbst nicht mehr. Der Antrieb, mich zu rufen, erwachte in bestimmten Augenblicken. Es war ihr einziger Rettungsanker.

Manchmal aber passte meine »Wohnkosmetik« genau in dem Moment, in dem der Mensch ein einschneidendes Erlebnis hatte. Eine neue Liebe zum Beispiel, die noch gar nichts wusste von den heimischen Zuständen. Doch auch eine alte Liebe, deren Spuren man endlich verwischen wollte, ein neuer Job, ein Umzug, ein neues Aussehen – und die Zustände zu Hause hatten in das neue Leben nicht mehr gepasst.

Ich fragte sie zu Beginn unserer Arbeit stets, was sie mochten, was sie brauchten und woran ihr Herz hing, doch eine Antwort bekam ich nur selten. Manche Dinge erfüllten ihren praktischen Zweck, andere standen für eine Erinnerung – nicht selten aber stand der ganze Überschuss für Kompensation, im Härtefall sogar für Kaufsucht. Die Kunden wussten, wenn sie jetzt nichts tun, tut der Umstand Schlimmeres mit ihnen.

Erinnern Sie sich an den Augenblick, als Sie in Ihr Zuhause eingezogen sind. Wie würde dieses heute aussehen, wenn Geld keine Rolle bei der Einrichtung spielte? Wie weit klaffen Wunschvorstellung und Ist-Zustand auseinander? Was würde Ihnen heute genügen, um zufrieden zu sein und damit Sie sich sicher, wohl und geborgen fühlen? Würden Sie sich endlich freuen, nach Hause zu kommen?

»Das war doch alles mal so teuer!« – »Wunderbar, Sie haben sich also irgendwann mal was Besonderes gegönnt? Ja, und weiter? Also doch alles so lassen wie bisher, auf Kosten unserer Gesundheit?« STOPP! Unseren Sachen sind wir egal – sind wir es uns auch? Wie lange noch? Wieso steigt dann der Wert einer Sache, wenn wir gerade beschließen, sie loslassen zu wollen?

Bitte lassen Sie sich nicht einschüchtern, die Zweifel kommen nicht aus Ihrem tiefsten Innern. Das Ego will Sie testen. Doch diese Runde geht an Sie und Ihren Wunsch nach Klarheit.

Mit Liebe gestalten

Nichts ist schöner als das, was mit Bedacht und in Liebe ausgewählt wurde. Genauso wie etwas, das mit Liebe gestaltet wurde. Am Ende unseres Lebens zählt nur, was und wie wir geliebt haben. Wir reisen mit leerem Gepäck, aber hoffentlich mit einer in Liebe getränkten Seele.

»Ist das hier jetzt nicht zu nackt und leer?« – »Nein, nur ungewohnt und leise!« So lauteten die typischen Dialoge bei meinen Wohnkosmetik-Einsätzen. Räume können noch so voll sein, wenn ihnen Seele und Persönlichkeit fehlen, werden sie nicht weniger Kühle und Leere ausstrahlen. Kerzen und Musik sind die schnellsten Werkzeuge und Stimmungsmacher. Eine einzige Kerze flutet einen Raum mit mehr Wärme als ein Heizkörper.

Es soll Ihnen gut gehen. Sie wollen Veränderung. Loslassen ist die schnellste Therapie für zwischendurch, ob mit oder ohne Unterstützung. Und wie bei den meisten Therapien setzt die Heilung (Erkenntnis) erst ein, wenn wir schon ein paar Sitzungen hinter uns haben. Und was kommt dann? Die Frage aller Fragen, die einem Vorwurf an sich selbst gleichkommt: »Warum habe ich nicht schon viel eher …!« Weil die Zeit wohl noch nicht reif gewesen schien – leider.

Mag ich mein Zuhause und bin ich mit dem wichtigsten Raum um mich herum verbunden, dann ist das positive Gefühl natürlich positive Energie, und die ist spürbar; Sie kennen das von den Momenten, wo Sie ein Restaurant, Café, Hotel oder Büro betreten. Man spürt es einfach, wenn dort Harmonie und Frieden herrschen oder der Raum mit Liebe gestaltet wurde.

Die Arbeit mit unserem Zuhause ist also Beschäftigung mit uns selbst. Besonders mit Vergangenem. Beweisen wir uns heute, dass weder Hopfen noch Malz verloren ist. Dass wir Stress nicht mehr mit einem Zuhause in Verbindung bringen. Was brauchen und was lieben wir? Ist es dasselbe? Wir lieben unseren Partner auch nicht, weil wir ihn brauchen, sondern brauchen ihn, weil wir ihn lieben (Idealfall). Fülle im Außen war gestern, ab heute lernen wir, genau zu unterscheiden zwischen wertvoll und unnütz. Welcher der häuslichen Gegenstände bereichert und verschönert? Stellen Sie sich vor, Sie schließen dieses Buch, blicken sich um und entdecken ein neu gestaltetes Zuhause, ohne Neues angeschafft zu haben. Was würde das mit Ihnen machen? Was wird also heute noch das Erste sein, das geht, und was in Kürze das Letzte?

Wenn Sie einem Fremden Ihr Zuhause beschreiben müssten, würden Ihre Augen dabei leuchten, wären Sie stolz und würden am liebsten gleich alles zeigen? Vielleicht ist das noch nicht der Fall, doch immerhin ein Ziel.

Es braucht nicht viel, um schön zu wohnen. Einige von Ihnen haben sicherlich ein kreatives Gen. Wundervoll! Toben Sie sich aus, und bitte nicht immer nur bei anderen. Zaubern Sie aus jedem Raum ein Aha-Erlebnis, individuell und persönlich. Das Internet spuckt viele Bastelseiten aus, machen Sie sich doch mal auf die Suche.

Die Top Ten Ihrer Schätze

Wären Sie morgen auf der Flucht, welche zehn Dinge würden Sie unbedingt mitnehmen und retten wollen? Man liest von Menschen, die fast erleichtert waren, als sie alles Hab und Gut verloren hatten (Wohnungsbrand, Scheidung) – im Gegenteil empfanden sie das Ende einer Last als unbändige Freude, die mit der Neugierde auf den Neuanfang noch wuchs. Woher nahmen diese Menschen ihre Coolness und Souveränität? Wenn sie nicht gerade traumatisiert waren, dann lautet die Antwort: Sie waren ausgestattet mit Selbstbewusstsein, Selbstwert und der nötigen Portion Vertrauen, dass nichts ohne Grund für sie geschieht und etwas Besseres für sie vorgesehen ist. Wer alles verloren hat, erfährt, ob sein

Rucksack voll genug ist, um nach dem Nichts etwas Neues zu errichten.

Kennen Sie eine Person, der Sie den radikalen Kaltstart gönnen würden? Immerhin – erst wenn wir alles losgelassen haben, sind wir wirklich frei. Ich wünsche niemandem diesen unsanften Neubeginn, außer es wäre die einzige Chance für ihn, über diesen Umweg zurück ins Leben zu finden. Nicht jeder, der nach Hilfe schreit, holt sie sich auch. Die Scham ist groß, der Stolz nicht minder. Doch der Preis, den sie für beides bezahlen, ist immens. Für mich waren die Kunden immer Menschen unter vielen (Gleichgesinnten), doch für sie war ich die eine, die … die ihnen beweisen konnte, wie schön Vertrauen ist, auch in so fremde Menschen, wie ich es anfangs war. Veränderungen schreien nach Loslassen von falschen Programmen und beinahe schon vernichtenden Glaubenssätzen.

Einen Messie können wir nicht fragen, welche seiner »Schätze« er behalten will, selbst wenn sich nicht mal mehr Brauchbares darunter befände. Bis aufs Messer wird er alles Hab und Gut verteidigen, als hätte es eine Seele, wenn auch eine kaputte, irreparable, verdreckte und unnütze. Doch all der »Reichtum« gehört zu ihm, hat seinen Platz und seinen Sinn. Als Messie zu leben ist ein Zustand, den wir »Gesunden« nicht nachvollziehen können. Doch ist es nicht an uns, die Menschen und ihr Schicksal jemals zu werten.

Ich hatte nicht wenige Kunden, die ein Doppelleben führten – außen hui, innen pfui. Ein Freund wäre da mit Tipps und Hilfe nicht weit gekommen, das war den Betroffenen zu nah. Und sie wollten niemandem zumuten, was sie selbst kaum ertrugen. Es ist schmerzvoll, mit anzusehen, wie jemand, der einem »gesund« und auf Augenhöhe begeg-

72

net ist, sein Leben in die Tonne getreten hat. Hätte er das nur mit ganz unnützen Gegenständen getan!

Aufgabe: Aus einer vollen Schublade etwas herauszuziehen ist kaum effektiv. Kippen Sie die Schublade bitte einmal komplett aus, wischen Sie sie aus und sortieren Sie ausschließlich wirklich Wichtiges oder Besonderes zurück. Neben Ihnen liegt natürlich die Mülltüte, die Sie füllen. Ich bin sicher, dass Sie unmöglich dieselbe Menge wieder in die Schublade zurücksortieren. Ich empfehle Fächer für Themen, das erleichtert das Einräumen, erfreut sogar das Auge, wenn die Schublade beim nächsten Mal wieder aufgezogen wird. Und mit etwas Disziplin, die schnell zur Routine wird, kann man die Ordnung spielend halten.

Ziel: Weniger Besitz – für weniger Arbeit und weniger Stress, und um die Nerven zu schonen. Ihr Leben besteht nicht nur aus Aufräumen, vergessen Sie das nicht. Und darum machen Sie es sich ab heute so einfach wie möglich.

Zehn geliebte Dinge – sie stehen als Messlatte für das, was gehen kann. Am Ende der Reise betrachten Sie alles, was es bis ins Ziel geschafft hat. Endlich ist alles, was Sie haben, wieder sichtbar, weder irgendwo hineingestopft, noch liegt es vergraben. Ihr Bauch fällt das Urteil, nicht Ihr Kopf, warum Sie auch nie lange überlegen sollten! Das Zuhause ist Emotion (Einrichtung), nicht Verstand (Bauplanung). Was immer Sie in die Hand nehmen, es soll auf der Frequenz der Liebe schwingen, denn das allein hat positive Auswirkungen! Entscheiden Sie sich für JA oder NEIN, keine Grauzonen bitte, und Ausnahmen sollten auch die Ausnahme bleiben. Entscheidungen steigern das Selbstbewusstsein und bringen Klarheit, alles andere ist schwammig. Keine Sorge, das ist reine Übungssache. Im Zuhause fangen Sie an, gefolgt von den nächsten Lebensbereichen.

»War doch teuer, muss noch bleiben!« Stopp! Sie sind am »teuersten«! Auch wir bleiben nicht gern dort, wo wir weder gesehen noch gebraucht oder geschätzt werden. Was tut es also mit der Sache, wenn sie losgelassen wird? Und was mit uns? Fühlen wir uns plötzlich leer, so leer, wie wir uns vorher trotz der Fülle fühlten? Reden Sie sich bloß nichts ein, was vorher auch nicht da gewesen ist! Erleben Sie das befreiende Gefühl, wenn der Müllsack in hohem Bogen in die Tonne fliegt (oder gespendet, verkauft oder verschenkt wird). Ich erinnere mich an jene Momente, in denen ich mit meinen Kunden dem Sack noch hinterhergewunken habe, die Kundin sich bedankte, dass die Sachen da gewesen waren, dass sie aber nun gehen dürfen. Wenn ich sagte: »Schauen Sie, mit so viel Müll haben Sie gelebt. Sie können den Sack gern wieder aus der Tonne ziehen, sobald ich gegangen bin«, sagte sie: »Um Himmels willen. Füllen wir lieber den nächsten Sack, Frau Köpp!«

Idee: Kompromiss gewünscht? Zur Not machen Sie ein Foto von dem Gegenstand, den Sie loslassen, sofern Sie ihn mit etwas verbinden. Später ziehen Sie das Foto aus der Erinnerungskiste und erzählen Ihren Enkeln oder Freunden die Geschichte von dem Schrank, dem Tisch oder Ähnlichem. Genauso verhält es sich auch mit den Unmengen von selbst gemalten Bildern unserer Kinder. Fotografieren wir die schönsten doch ab und gestalten damit ein Fotobuch. Unsere Nachkommen werden nicht traurig sein, das alte Papier nicht mehr anfassen zu können – aber die Entwicklung ihrer Kreativität zu sehen, das hat Wert und nimmt noch nicht einmal Platz weg.

Wir schmeißen nicht den alten Teddy aus Kindertagen oder das Monokel des Urgroßvaters weg. Wir schmeißen weg, was wir zur Not (bei ernsthaftem Vermissen) wieder anschaffen könnten. Unersetzliche Dinge, an denen Herzblut und schöne Geschichten kleben, wollen wir gern anfassen können – doch auf wie viele und welche Dinge trifft das tatsächlich zu? Gegenstände mit »Seele« werten entweder als Accessoire einen Raum auf, oder sie landen in einer Kiste der Erinnerungen. Kleinigkeiten, keine sperrigen Dinge, die Platz und Nerven rauben.

Frage: In welcher Relation steht das Festhalten zum Loslassen? Was bereichert Ihr Leben? Das Festhalten war Ihnen vertraut – nun erfahren Sie, was Ihnen das Gegenteil ermöglicht. Geben Sie der Tonne Futter. Geben Sie dem Leben mehr Raum und Ihrem Raum mehr Leben!

Wenn du etwas loslässt, bist du ein wenig glücklicher.
Wenn du viel loslässt, bist du viel glücklicher.
Wenn du alles loslässt, bist du frei.
(Ajahn Chah)

Mantra: Ich freue mich auf das unbekannte Gefühl des Freiseins. Ich freue mich auf das, was kommt, weil endlich Platz dafür geschaffen wird.

Vom Anschaffen und Wegwerfen

Auf etwas verzichten zu müssen,
ist Bestandteil des Glücks.
(Bertrand Russell)

Man will nicht zur Wegwerfgesellschaft gehören? Guter Ansatz! Aber wir gehörten zuvor doch auch zur Konsum- und Anschaffgesellschaft! Strafen Sie sich nicht, und bewerten Sie Ihr schlechtes Gewissen nicht über. Der kleinen Sünde (wegschmeißen, obwohl noch nicht kaputt) gegenüber steht das unglaubliche Gefühl der Wiederbelebung. Ein Gewissen macht das Leben nicht schöner, aber das Abwerfen von Ballast – steckt nicht Last in diesem Wort? Kurbeln wir nicht weiterhin täglich die Wirtschaft an (Lebensmitteleinkäufe)? Wo sind bloß die ganzen Dinge, die wir im Laufe unseres Lebens kauften oder geschenkt bekamen? Hat noch irgendjemand was aus seinem Kinderzimmer? Zum Glück gingen einige Ausgaben auch aufs Konto für Notwendigkeiten, Abenteuer, Reisen und besondere Erlebnisse. Diese Dinge nehmen keinen Raum weg, also gerne mehr davon!

Erfüllte Menschen schwärmen von Erlebnissen, sind voller Geschichten und haben es nicht nötig, mit Besitz zu prahlen. Was wir besitzen, kann man uns wegnehmen, zerstören, oder wir können es verlieren. Doch ein Gepäck voller Erinnerungen, Phantasien, Träume, Gefühle und Werte hat für immer Bestand! Wert hat überwiegend das, was nicht kaputt gehen und gestohlen werden kann.

Wen kennen Sie, der sich mehr über sein Haben denn über das Sein definiert? Wessen Nähe suchen Sie lieber?

Die Menschen ertrinken in äußerer Fülle und verdursten

wegen innerer Leere. Je kleiner das Innen, desto größer das Außen, da kann man wenigstens was zeigen.

Erfüllung statt Kompensation

Wären wir nicht alle Meister im Loslassen, wenn es uns ein Plus an Freundschaft, Nähe, Bindung und sozialen Kontakten garantierte? »Frau Köpp, ich könnte wirklich auf alles verzichten, hätte ich doch endlich die Liebe!« Dieser Satz einer Kundin hat sich in meinen Kopf gebrannt, denn er sagt alles aus. Wer einen neuen Fokus im Leben hat – ob Sport, ein Hobby, die Liebe oder besondere Interessen –, der investiert seine Zeit und seine Freude dort. Stellt er fest, dass es die falsche Wahl war, weil es nicht erfüllend ist, es einen eher schwächt oder nervt, sollte es ausgetauscht werden. Kaum eine Anschaffung ist von dauerhaftem Mehrwert und Nutzen. Sie sorgen zwar für ein Mehr, doch nicht zwingend für einen Wert.

Die Erfahrung hat mir gezeigt, dass nach jedem großzügigen Loslassen tatsächlich etwas Besonderes eintraf. Als wolle es die neuen Lücken schließen. Wird eine alte Unordnung durchbrochen und aus den Angeln gehoben, steht alles in einem neuen Verhältnis zueinander. Je schneller Sie das erfahren, desto schneller sind Sie … erleichtert … glücklich … gut gelaunt.

Wo wir Platz schaffen, gesellt sich etwas zu uns, das vielleicht schon lange auf uns wartet, aber nicht kommen konnte, weil kein Platz dafür vorhanden war. Entweder, weil wir nicht frei waren (Beziehung), oder weil wir selbst um jeden Zentimeter Platz Zuhause kämpfen mussten. Besucher?

Fehlanzeige! Und die Ausreden gegenüber Freunden, warum es gerade nicht passen würde, stressten die Seele enorm. Im schlimmsten Fall blieb die Fülle, doch die Freunde waren weg.

Den Keller nicht vergessen!

Irgendwie gehört der Keller für mich nicht zu meinem Zuhause. Ganz schöner Selbstbetrug. Das Grauen des Untergrunds, das Monster der Zwischenstation, das Grab der Lieblosigkeiten und Saisonwaren – immerhin soll der Keller das Unterbewusstsein symbolisieren. Schlimme Vorstellung, die man nur schwer wahrhaben möchte.

Immer wieder wird hier nachgestopft, doch niemals wirklich ausgemistet in der Kammer des Schreckens. Man betritt den Keller ja auch selten zum Vergnügen, er scheint wie abgenabelt vom Rest der Wohnung. Und doch ist dieser Keller da, ist spürbar, wenn auch nicht täglich sichtbar. Ich kann ihm also nicht wirklich entkommen, und eigentlich bin ich auch froh, ihn zu haben. Und doch vernachlässige ich ihn, verfolgt mich seine Fülle, schiebe ich das Klarschiff-Machen immer wieder hinaus. Ich muss es zugeben, bei diesem Raum diene ich niemandem als Vorbild. Aber ich ändere das, und mit dem Schreiben darüber komme ich dem Ziel in großen Schritten näher. Ich weiß doch, was mich an dem Ziel erwartet! Ein Raum, in dem ich malen werde oder den ich in ein Atelier verwandle.

Pflegen Sie Ihre Räume!

Weg mit dem ungenutzten Gestern in Ihren Räumen! Mit jenen Dingen, die gestern schön waren, einem heute jedoch nichts bedeuten und sowieso eher lästig sind. Heute fangen Sie einfach mal mit sieben Sachen (statt zehn) an. Sieben Mal Verzicht, ich weiß, dass Sie das schaffen, auch wenn es nur ein kleiner Tropfen auf dem heißen Stein ist. Sie wollen doch wissen, was passiert, wenn Sie sich peu à peu befreien?

Ich kann es Ihnen sagen, doch ohne Ihre Selbsterfahrung haben meine Worte kein Gewicht.

Bekommen Sie gern und viel Besuch, oder halten Sie sich grundsätzlich lieber bei anderen auf? Ein anderer wird sich bei Ihnen nur so wohl fühlen können, wie auch Sie es tun. Man spürt die Liebe in den Räumen. Bei viel Besuch steigt auch die Energie. Ich rate dazu, regelmäßig die Räume von schlechter Energie zu befreien. Gerade nach Streitereien und nach schlechter Stimmung klebt die »Aura« in den Räumen. Sensible Menschen spüren das besonders. Eine Reinigung durch Ausräucherung, mit Speisesalz, durch Schlagen auf Töpfe, Verbrennen von Salbei – in Internetforen wird man immer fündig. Dort stößt man auch auf Raum-Clearing-Angebote.

Doch zunächst können wir selbst erst einmal porentief gründlich alle Ecken ausputzen, die ohnehin oft vernachlässigt werden. Wer sich in Woche eins dem Badezimmer widmet, wird am Ende Kacheln haben, in denen er sich spiegeln kann. Eine ganze Woche nur das Bad … Sie denken, es schneller zu schaffen? Vergessen Sie nicht, auch alle Handtücher, Nagellacke und Tuben in die Hand zu nehmen. Ich kenne eine Frau, die alle Utensilien in nur einer Holzkiste verstaut hatte. »Wo sind Ihre Badartikel?« – »Wieso! Ich habe von allem das Beste, und das genau einmal! Brauchen tue ich ohnehin nicht viel!«

Jeder Raum hat sein eigenes Thema. Schlafen? Speisen? Kommunizieren? Arbeiten? Welcher Raum wird gut und gern genutzt und welcher eher vermieden oder gar sträflich behandelt? Alles trägt unsere Handschrift, warum nicht auch jeder Quadratmeter, für den wir Miete zahlen?

Einzelheiten sind verwirrend.
Nur durch Auswahl, Weglassung und Betonung
stoßen wir zur wahren Bedeutung der Dinge vor.
(Georgia O'Keeffe)

Wie wäre es mit einer »Wellness- und Beautybehandlung« für die Räume, um ihnen zurückzugeben, wofür sie stehen: Schutz, Wärme, Geborgenheit, Sicherheit.

Was tun Sie am liebsten, wenn Sie zu Hause ankommen? Gönnen Sie Ihrer heimischen Basis das volle Pflegeprogramm, einfach, weil sie es verdient hat. Werden Sie wundervolle Mieter Ihrer Räume!

Aufgabe: Wir machen eine »Vorrats-Woche«, laden Freunde zum Resteessen ein und bitten sie, ebenfalls ihre Vorräte zu plündern. Derartige Dinner unter Freunden schonen nicht nur die Geldbeutel, sondern fördern Geselligkeit, Kreativität und eine Menge Spaß.

Tipp on top: Wir kennen die vier Elemente, die wir uns beim Wohnen, bei der Ernährung und bei der Kleidung zunutze machen können: Feuer, Wasser, Erde, Luft. Je mehr von allem vorhanden ist, desto besser. Sehen Sie nach, wo in welchem Zimmer welches Element fehlt, wo ist von einem zu viel und vom anderen zu wenig? Waagen mit gerecht verteilten Gewichten erzielen die besten Ergebnisse.

Es ist schon lange nicht mehr nur ein Trend, in unterschiedlichen Lebensbereichen Feng-Shui-Aspekte zu berücksichtigen. Ernähren wir uns ausschließlich von roten Lebensmitteln, führen wir uns eine ganze Menge Feuer zu ... und kleiden wir uns immer nur in Blau, fehlen Anteile der anderen Elemente. Je ausgewogener in allen Bereichen wir sind, desto besser! Wer vor roten Wänden schläft, der schläft unruhig. Kinder ruhen schlecht in roten Schlafanzügen, da diese Farbe den Herzschlag beschleunigen soll. Farben wirken, und jede strahlt etwas anderes aus. Nutzen wir das positiv für uns aus und setzen wir sie gezielter ein.

Das Umfeld

Unser soziales Umfeld

Das Feld um uns herum, in dem sich Nachbarn, Freunde und Kollegen bewegen. Wie weit oder eng ist dieses gesteckt?

»Kontakte schaden dem, der sie nicht hat!« – Mir wird bereits beim Lesen dieses Satzes schlecht, mit ihm wollen mich fremde Menschen in ihr Netzwerk ködern. Wen ich nicht kenne, den werde ich auch nicht empfehlen. Empfehlungen basieren auf Erfahrungen, ein Name ist noch kein Kontakt. Wie viele (Facebook-)Kontakte kann man – neben Freunden und Bekannten – tatsächlich pflegen und weiter ausbauen, um im besten Falle auch von ihnen zu profitieren?

Auch ich habe viele Kontakte, die Summe aus Kunden, Lesern, Freunden und Kollegen. In regelmäßigen Abständen mache ich Inventur, weil ich den Anspruch habe, Empfehlungen auch zu begründen, wenn Bedarf besteht, und weil ich mitbekommen möchte, was sie tun und posten. Bei der Masse geht zu vieles unter. Ich will keine Jägerin, sondern Pflegerin sein, eine, die ihr Netzwerk kennt. Qualität statt Quantität, bezogen auf alle Bereiche des Lebens.

Wie ist es bei Ihnen? Welche Menschen dürfen Ihre Welt betreten? Wen halten Sie lieber auf Distanz? Welche Sorte Mensch bevorzugen Sie? Wer hat es an Stelle eins geschafft? Wer drängt ungefragt in Ihren geschützten Raum?

Es ist nicht zu unterschätzen, wie wichtig es ist, Menschen mit den »richtigen« Eigenschaften in unserem Umfeld zu haben. Was und wen wir anziehen, sagt eine Menge über uns aus und beeinflusst unsere Entwicklung und unser Wohlbefinden. Es ist nicht einerlei, ob wir in unserem engen, alltäglichen Kreis auf Neid, Missgunst, Lügerei und Geiz treffen oder auf Vertrauen, Zärtlichkeit und Freude.

Apropos Lügner, wussten Sie, dass sich bei Menschen, die einem etwas vorschwindeln, der Kopf (speziell die Augen) leicht nach rechts dreht, begleitet von unkontrollierten Handbewegungen, als seien sie völlig eingenommen von ihrem falschen »Spiel«? Es hängt wohl auch von der Routine des Lügens ab.

Im Grunde passieren einem wohl die Menschen, die zu einem passen, oder jene, die für eine gewisse Zeit den »Auftrag« haben, als Spiegel zu dienen und uns auf Themen zu stoßen, die an der Zeit sind. Manches öffnet uns die Augen, manches weicht sogar den Panzer auf – solange wir zulassen können. Einige Begegnungen bleiben genau das, und andere begleiten uns ein Stück des Weges und können sogar Freundschaften werden. Doch auch kurze und einmalige Begegnungen können Spuren hinterlassen. Verbindungen zwischen Menschen sind wie ruhige Gewässer oder reißende Ströme. Alles möglich und lebbar, solange Respekt, Achtung und Toleranz gewahrt werden. Und kommt es zu Auseinandersetzungen, gilt es, die Sache nicht aus den Augen zu verlieren, statt den Menschen anzugreifen. Eine gute Streitkultur ist nicht unerheblich, doch ist sie gerade unter Partnern ein Prozess. Beobachten Sie sich mal bewusst in Gesprächen mit anderen. Werten Sie, nur weil der andere anderer Meinung ist?

Generell unterscheiden wir zwischen »Herzmagneten« und »Kopfmagneten«: Durch die Nabelschnur der ersten und uns laufen Wärme und Geborgenheit, durch die der zweiten Intellekt und Geist. Einen Volltreffer hat der gelandet, der in einem Menschen beides findet.

Aufgabe: Machen Sie Inventur in Ihrem Bekannten- und Freundeskreis sowie in allen (sozialen) Netzwerken. Erinnern Sie sich, was Sie (noch) mit jenen Personen verbindet. Ist es Einsamkeit, Zuneigung oder Mitleid? Mitleid ist keine Basis, und Einsamkeit liegt viel zu tief, als dass ein anderer sie erreichen und »vernichten« könnte. Gesellschaft und soziale Kontakte sind wichtig, sie schulen das Miteinander und schenken uns Nähe. Am besten ist es, wenn ehrliches Interesse und Verbundenheit an der Basis stehen.

Einem negativen Umfeld keine Chance geben

Eine Welt voller Pessimisten würde diese Welt ganz sicher ins Verderben schicken. Wie ist die Stimmung in Ihrem eigenen Umfeld? Nörgler, Meckerer, Zweifler, Verstimmte? Zieht es Sie runter, geht es Ihnen nah, oder schaffen Sie die nötige Distanz? Menschen, die sich alles schlechtreden, wirken zerstörerisch auf uns kraft negativer Energien. Oft ist es ihnen nicht einmal bewusst – sie schaden nicht nur sich selbst. Zum Glück halten die Liebenden, Glaubenden, Lachenden, Positiven dagegen, doch ihre Liga muss viel größer werden, damit sich diese Welt noch lange gerne weiterdreht und sich zum Guten hin entwickeln kann. Antworten wir auf Frust nicht mit Frust und auf Boshaftigkeit nicht mit Boshaftigkeit, das verstärkte alles nur!

Mein Jahr 2015. Zum ersten Mal in dieser Zeit hörte ich von »Arsch-Engeln«. Was ich vor allem lernte, war Vergebung! Ich vergab mir für meine Fehlentscheidungen und dafür, nicht auf meinen Bauch gehört zu haben. Ich verabschiedete meinen Hass, meine Angst, Enttäuschung und Wut und löste sie auf. Doch besonders vergab ich jenen, denen ich zuvor die Schuld gegeben hatte.

Wenn Hass und Liebe derart nah beieinanderliegen,
dann hoffe ich, dass der Hass klüger ist und nachgibt.
(Stephan Sarek)

Mantra: Ich hasse niemanden, denn Hass kann mich zerstören. Ich schicke jemandem, der mir Schlechtes tat, erst recht viel Licht und Liebe, um seine böse Energie zu mildern. Think big! Feel deep! Handle with care!

Aufgabe: Vergeben Sie einem Menschen, der Sie so verletzt hat, dass Sie bis heute keinen Frieden mit ihm schließen konnten. Setzen Sie ihn gedanklich auf einen Stuhl und rücken Sie Ihren gegenüber von ihm. Werden Sie nun alles los, was Sie so drückt und schwer macht. Energie geht nicht verloren, sie geht ihren Weg und findet ihr Ziel.

Wenn du für deine Feinde kein Mitgefühl verspürst –
für wen denn dann?
(Dalai Lama)

Viele destruktive Erinnerungen entspringen einem Augenblick, der als Programm auf unserer Festplatte abläuft, ohne dass wir es bemerken. Jedes Verdrängte zapft die Reserven unseres Körpers an, weil verdammt viel Energie aufgebracht werden muss. Etwas zu fühlen, es dann schnell zu überdeckeln erzeugt das Gegenteil von Harmonie, nämlich Stress. Und was passiert dabei? Körper und Seele nehmen auf Dauer natürlich Schaden. Mit professioneller Unterstützung könnten wir traumatische Erlebnisse noch einmal durchleben und sie neu programmieren, indem wir der Szene eine andere Wende geben.

Aufgabe: Heilung statt Unterdrückung, damit wir durch Schäden, die Krisen hinterlassen können, nicht zugrunde gehen.

Allein sein, einsam sein, in Gesellschaft sein

Gut, wenn wir die Wahl haben zwischen Zurückgezogenheit oder Geselligkeit. Einige Menschen genügen sich selbst, wählen bewusst und entschieden die Eigenbrötlerei, suchen weder Nähe noch Interessengemeinschaften, während andere unter dem Mangel an Möglichkeiten leiden. Sie machen die Erfahrung von Ablehnung, weshalb ihnen die Praxis fehlt, sich immer wieder auszutauschen. Einsamkeit ist die größte Form von Stress für Geist und Körper und führt auf Dauer zu echter Belastung. Gibt es einen Mangel an dem, wonach wir uns sehnen, brauchen wir Unterstützung, brauchen wir Werkzeuge, mit denen wir dem Mangeldenken auf die Spur kommen, um endlich die ersehnte Fülle zu erfahren. Wer in deutlichem Mangel ausharrt, ihn nicht hinterfragen will, wird möglicherweise immer mehr von ihm anziehen, und dann zieht sich der rote Faden durch alle Bereiche. Wie viel Schaden müssen wir der Seele noch antun, wenn wir doch spüren, dass wir anders leben wollen? Das Gesetz der Resonanz! Selbst wenn Sie Menschen kennenlernen, vielleicht sind auch sie voller Mangel? Oder Sie begegnen Menschen, die in Fülle leben, und bekommen den entscheidenden Impuls, endlich Dinge anders zu machen. Bis dahin gilt:

Niemand kann die Leere des anderen füllen,
denn Leere entsteht niemals im Außen.

Menschen, die sich weder geliebt noch gebraucht fühlen, strahlen oft eine Art Bedürftigkeit aus, die zur Folge hat, dass sich kaum jemand von ihnen angezogen fühlt. Nie erkannter Selbstwert, verlorenes Selbstbewusstsein und ungestillte Zuwendung wirken gar bedrohlich auf manche Menschen, weil die Bedürftigen sich ihrer Ausstrahlung oft nicht bewusst sind. Und dann beginnen zwei Schuldprogramme. Man gibt sich selbst die Schuld dafür, weder geliebt noch geachtet zu werden, man sei es wohl nicht wert. Oder man macht die anderen zu Tätern, die einen meiden, weshalb sie böse und arrogant sind. Traurigkeit kann sich in Hass und Aggressivität wandeln. Und wo der enden kann, wissen wir, wenn wir Nachrichten verfolgen.

Menschen mit Ausstrahlung strahlen von innen nach außen. Im Grunde ist unsere wahre Verfassung ganz schön gläsern. Um sie in Einklang zu kriegen mit dem, was wir vorgeben zu sein, muss der Wunsch nach Authentizität da sein. Erst der Wunsch, dann die Erkenntnis, dann die Entscheidung. Veränderung setzt voraus, dass man aufhört zu verdrängen, wo unsere Bedürftigkeit, unser Schmerz, unsere Unzufriedenheit und unser Mangel ihre Wurzeln haben. Wo das Übel begraben liegt, um es wie Unkraut aus der Erde zu reißen. Doch wer begleitet uns bei dem Prozess, wenn man nicht weiß, wie man beginnt und was er mit uns machen wird?

Wer viel Umgang mit Menschen hat, steht im ständigen Aktion-Reaktion-Fluss. Wer nicht, braucht einen Mentor, dem er sich öffnen und anvertrauen kann. Geselligkeit und Freundschaften zählen zu den Grundbedürfnissen des Menschen. Bevor wir uns auf materiellen Wohlstand fokussieren, gilt es, auf der untersten Stufe der Treppe zu beginnen. Je mehr uns fehlt, je stärker uns der Mangel krank macht, wir in Panik geraten oder zu selbstzerstörerischem Verhalten oder zu Süchten (Drogen, Alkohol, Medikamente) neigen, um der Realität zu entfliehen, desto mehr Arbeit liegt vor uns. Doch eines sei gesagt: Sie zahlt sich aus!

Wir können unseren Themen nicht ausweichen, eines Tages holen sie uns ein. Besser früher als später. Und die Frage nach dem richtigen Timing stellt sich dabei nicht. Wenn es Zeit ist, ist es Zeit, wir spüren es genau. Durch ein Aufschieben würden die Lernlektionen noch schwerer werden. Trauen Sie es sich zu!? Es kann natürlich auch passieren, dass Sie zurück in Ihr altes Muster fallen. Dennoch lohnt sich der Versuch, denn meistens geht er auf. Jeder hat irgendein Thema, es wird Zeit, es aufzudecken und zu klären.

Die permanente Unterdrückung unseres wahren Kerns drückt aufs Gemüt, und je länger es drückt, desto wahrscheinlicher, dass es uns krank macht. Uns macht krank, wovor wir fliehen, wenn wir die Stimme in uns doch genau gehört haben. Haben Sie Angst, ihr mehr Gehör zu verschaffen und herauszufinden, dass Ihr Ego eine Welt geschaffen hat, die so fernab von Ihren wahren Bedürfnissen liegt? Ich kann Sie beruhigen: Konfrontation schmerzt gleichermaßen, wie sie erleichtert.

Wenn wir weiterhin unser Inneres ablehnen, weil wir ihm Gehör verweigern, kommen wir niemals mit uns ins Reine und zur Ruhe. Spüren wir unsere Ängste auf, dann stehen wir ihnen endlich gegenüber. Auge in Auge mit unserer Angst. Wenn unsere Anteile uns fremd bleiben, wie könnten jemals andere unser Gesamtpaket erkennen? Wie viel Geheimnisvolles schwingt bei uns mit? Es sind nicht viele Menschen im Leben, denen wir uns von allen Seiten zeigen und uns öffnen wollen (können), am Ende kann es ein Einziger sein, der uns versteht und weiß, was in uns vorgeht. Ein wahrer Freund.

Austausch auf Augenhöhe: Freundschaft

In wahren Freundschaften kämpft man nicht um Gunst und Nähe des anderen, weil sich alles natürlich und gleichermaßen entwickelt. Man ist sich nie zu viel, und niemand rechnet auf, wenn er gerade mehr gibt als der andere. Das schon zu denken könnte den ersten Bruch bedeuten, der sich schleichend aufbaut. Wahre Freundschaft gleicht sich immer aus. Und sie entwickelt sich, wobei sie unterschiedliche Level (Tiefen) erreichen kann. Freundschaft trägt das Prädikat »besonders wertvoll«, zu dem sich nicht jede Bekanntschaft automatisch hinentwickeln kann. Soziale Kompetenz und emotionale Intelligenz helfen uns, Bindungen zu anderen einzugehen und sie zu halten. Sie beinhalten Interesse, Ehrlichkeit, Offenheit, Toleranz, Aufmerksamkeit, Respekt und Empathie.

Freundschaft wird nicht, Freundschaft ist. Liebe wird nicht, Liebe ist. Wenn zwei sich begegnen und füreinander bestimmt sind, ist bereits alles vorhanden (vorhergesehen), es muss nur noch (aus)gelebt werden bzw. sich entwickeln. Es gibt Menschen, die keiner Fliege etwas zuleide tun, die freundlich im Wesen, großzügig im Fühlen und herzlich im Geben sind, und doch geht etwas von ihnen aus, das die Menschen auf Abstand hält. Sie riechen weder übel noch sehen sie so aus noch ist ihre Stimme unangenehm, es kommt auch nicht nur blödes Zeugs aus ihrem Mund. Es muss uns nicht leidtun, die Natur hat es so eingerichtet, dass nicht jeder Mensch auf derselben Frequenz schwingt, sonst wäre jeder der Freund jedes anderen. Menschen sind Sender und Empfänger, doch ohne Magnetismus entsteht keine Nähe, die Voraussetzung für Nähe und Anziehung. Es könnte einen Austausch geben, doch schafft er nicht den Sprung von der Kopf- in die Herzebene.

Einsam sein ist innen, allein sein ist außen. Das Alleinsein können wir ändern, indem wir uns unter die Menschen mischen, Veranstaltungen besuchen und mit anderen ins Gespräch kommen. Einsamkeit hingegen sitzt ganz tief, es ist ein trauriges Gefühl, eine Leere, deren Erfüllung nicht im Außen zu finden ist. Nur wir allein haben einen Zugang zum Ursprung unserer Gefühle und Sehnsüchte. Und wenn nicht, dann scheuen Sie bitte nicht professionelle Unterstützung. Warum verstreichen lassen, was helfen kann? Aus Stolz? Wem dient der Stolz genau?

Was wären die Menschen ohne Kommunikation, ohne Blicke, Worte, Gesten oder Berührungen, die erst Brücken zwischen uns schaffen. Unterhalten Sie sich mit Menschen, oder reden Sie nur? Suchen Sie Gesprächspartner auf Augenhöhe?

Niemand ist besser und schlauer und liebenswürdiger als der andere. Es ist zunächst noch unerheblich, ob der eine einen höheren IQ hat, denn Herzen messen anders, und auch Vertrauen ist nicht messbar. Kommunikation ist Geben und Nehmen. Ist Annehmen, Loslassen, Beobachten und Hinhören. Je tiefer die Gesprächsebene, desto näher kommen Sie der Persönlichkeit, dem Kern eines anderen. Das, was ihn ausmacht, und eben nicht, was er vorgibt zu sein bzw. sein zu wollen. Erst nach einer gewissen Zeit entscheiden auch geistiger Austausch und Intellekt, ob und wie weit man sich (noch) näher kommt. Ähnliche Interessen sind immer von Vorteil. Und spricht man nicht die gleiche Sprache, wird man sich wahrscheinlich niemals blind verstehen können.

Freundschaft gedeiht durch die Qualität der Aufmerksamkeit, Nähe und vor allem Loyalität. Freundschaft ist Partnerschaft ohne Sex, man trägt für das Gelingen Verantwortung und fühlt sich auch verantwortlich dafür, dass es dem anderen an seiner Seite gutgeht. Freundschaft ist einer der Mehrwerte im Leben, wenn sie weder falsch noch trügerisch behandelt wird. Dass Wege sich trennen können, weil die Lebensmodelle oder Ansichten sich verändert haben, ist das eine. Doch eine Trennung, die auf Lug und Betrug folgt, schmerzt.

Schaue ich mich um, erkenne ich, wie unterschiedlich Menschen Freundschaft leben. Inhaltlich sind wir uns alle ähnlich, doch in der Umsetzung verschieden. Und Sie? Zeigen Sie einem Freund, wie gern Sie ihn haben und dass ihm sein Plätzchen in Ihrem Leben sicher ist. Sagen Sie ihm, dass Sie mögen, wie er sich entwickelt, und wofür Sie ihn sonst noch mögen. Man muss nicht immer einer Meinung sein, Austausch bedeutet Reibung, Hinterfragen und Wachstum. Kritische Auseinandersetzungen sind inspirierend, fördern Entwicklung und Wissen durch unterschiedliche Standpunkte und Blickwinkel. Die Zuneigung offen zeigen und aussprechen zu können ist aber ebenso wichtig.

Freunde feilen einander nicht zurecht und machen sich einander passend – es passt, wie es ist, oder es passt mit jemand anders einfach besser.

Freunde bereichern das Leben, und besonders in schweren Zeiten ist tiefe Freundschaft ein wertvolles Geschenk. Wie gehen Sie mit Ihren Freunden um, wenn Sie gerade frisch verliebt sind? Opfern Sie Verabredungen mit ihnen für ein Rendezvous mit dem neuen Partner?

Vergessen wir niemals, dass eine Freundschaft eine Partnerschaft oft überlebt. Lassen Sie für die frische Liebe nicht Ihre Freunde im Stich, denn wenn der neue Partner Wert auf Freundschaft legt, wird ihn so ein Verhalten eher abturnen und ihn von Ihnen entfernen. Zeigen Sie ihm, dass man sich auf Sie verlassen kann, auch wenn Sie lieber mit ihm kuscheln wollen.

»Vom schönen Teller kann man nicht essen«, gab man mir schon jung mit auf den Weg. Stimmt nicht immer, doch von einem kaputten Teller isst man ebenso wenig gern. Zerbrochenes könnte mit viel Fingerspitzengefühl wieder repariert werden, bis der Riss nicht mehr sichtbar ist, auch wenn er immer bleiben wird. Wie viele Brüche in unserem Leben haben Narben hinterlassen? Einige sieht man, andere nicht, doch beide Sorten sind da! Wie viele von ihnen hätten vermieden werden können, wenn man nur geredet hätte. Ich meine, sich gemeinsam unterhalten hätte. Für wie kritikfähig schätzen Sie sich selbst ein? Stecken Sie eher ein, oder teilen Sie lieber aus? Ich persönlich vermeide am liebsten beides.

Aufgabe: Gehen Sie Ihren Freundes-, Bekannten- und Kollegenkreis durch. Stellen Sie fest, was und warum Sie etwas mit jemandem verbindet. Was und wer Ihnen guttut, von wem Sie gern weniger und von wem Sie zukünftig mehr wissen möchten. Und wenn es Ihre Zeit zulässt, begegnen Sie mal neuen Menschen. Für neue Inputs, nicht, um gleich Freunde und neue Verabredungen zu haben. Mischen Sie sich unters Volk, besuchen Sie Ausstellungen, Museen, Neueröffnungen oder lesen Sie einfach ein Buch in einem Café statt auf der Couch. Haben Sie keine Angst, allein on tour zu gehen, so werden Sie einfacher angesprochen.

Frage: Sind Sie für jemanden eine beste Freundin, die liebste Chefin, der netteste Kollege, der hilfsbereite Nachbar und die freundliche Kundin? Haben Sie ein Gespür dafür, wie schnell sich Menschen Ihnen gegenüber öffnen?

Mantra: Menschen sind gern in meiner Nähe. Ich fordere nicht, ich werte nicht, ich lasse sie, wie sie sind. Und ich bin dankbar für alle, denen ich begegnen werde, und sei es nur für ein (ganz zufälliges) Gespräch. Ich will die Sorte Mensch sein, die auch ich anziehen will.

Platz machen für neue Kontakte

Man begegnet sich, tauscht Blicke und Gespräche aus und hat danach vielleicht noch Lust auf mehr. Ich sage scherzhaft immer »auf zum TÜV«, um erste sichtbare Mängel auszuschließen, die eine Weiterfahrt beeinträchtigen könnten. Stufe eins sind die berühmten ersten zehn Sekunden, da geht es um Chemie, da rattert das Gehirn, die programmierten Muster werden aktiv. Doch bitte nicht vergessen: Nicht jede große Geschichte beginnt mit Liebe auf den ersten Blick! Fühlt es sich gut an, oder grummelt es? Wo schlägt das Gefühl die meisten Wellen? Im Bauch, im Kopf, im Herz oder zwischen den Beinen?

Hausaufgabe: Erleichtern Sie Ihr Adressbuch. Wie viele Kontakte und Nummern können Sie getrost streichen? Gehen Sie auch Ihre E-Mail-Adressen durch, wenn Sie hier lange nicht mehr aktualisiert haben. Sie werden überrascht sein, welche Namen da noch auftauchen. Reduzieren Sie, aber ganz ohne Bauchweh und schlechtes Gewissen. Wird sich Ihr Leben danach verschlechtern, weil Sie »nur« noch 200 statt 400 Kontakte und »Freunde« haben?

Mantra: Ich werde Menschen kennenlernen, die so sind, wie ich mich selbst am liebsten zeige und verhalte. Ich möchte mit ihnen wachsen und eine Verbundenheit spüren, wertvoller als jeder materielle Reichtum, der dagegen nur verblassen kann. Und ich werde wichtige Kontakte deutlich besser pflegen. Ich werde mir dafür Zeit nehmen!

Übertriebene Fürsorge? Die Geber-Typen

Menschliche Nähe kann aber auch recht nervig sein. Kennen Sie diese klassischen Geber-Typen, die für alles und jeden ein offenes Ohr haben, bei jedem Schmerz ein heilendes Mittel, für jede Wut Verständnis, Interesse an allem bekunden (vortäuschen) und jedem rund um die Uhr zur Verfügung stehen wollen? Ihr Geberdrang ist so enorm, das Nehmen spielt gar keine Rolle mehr. Durch übertriebene Fürsorge kompensieren sie ein seelisches Vakuum. Doch in Freundschaften (Partnerschaften) zählt das Nehmen wie das Geben für beide Seiten gleichermaßen. Wenn aber das Vakuum in der eigenen Seele nicht wahrgenommen wird, weil man ständig damit beschäftigt ist, durch exzessives Kümmern den eigentlichen Mangel zu kompensieren, dann bleibt natürlich wenig Raum, um in sich hineinzuhorchen. Und solange es immer jemanden gibt, um den man sich kümmern kann, ist das Vakuum nicht spürbar.

Am Ende liegt natürlich in dem Geben doch ein Nehmen, weil ungefragt genommen wird, was gebraucht wird: das künstlich erzeugte Gefühl, gebraucht zu werden, ohne darum gebeten worden zu sein. Der Altruismus dieser Geber-Typen, der von anderen oft zu Recht als aufdringlich und aufopfernd empfunden wird, kann enorm belästigend (belastend) sein, bis man sich dem anderen komplett entzieht, weil die »fürsorglichen« Fänge einfach nicht mehr zu ertragen sind und einen eher in Stress versetzen. Und ausgerechnet der, der hilft und zur Stelle steht, wird nun »verstoßen«. Denken wir an das »Münchhausen-Syndrom«, bei dem man bei sich selbst oder anderen absichtlich Krankheiten herbeiführt, um sich bedürftig oder gebraucht zu machen.

Mantra: Ich werde Nähe zu jemandem finden, die zweckfrei ist. Auch ich will nicht benutzt werden, sondern echte und ehrliche Freundschaften aufbauen. Ich selbst will die Freundin/der Freund sein, die/den ich mir auch für mich wünsche.

Großzügigkeit und Verantwortung

Nicht der könnte am meisten entbehren,
der im Außen viel besitzt,
sondern der, der sich innen reich fühlt.

Großzügigkeit ist das Ergebnis emotionaler Fülle. Wir haben nicht das Gefühl von Verlust und Entbehrung, wenn wir erkannt haben, dass wir nicht weniger werden, weil wir geben und dadurch weniger haben. Wer gibt, bekommt.

Selbstliebe und Selbstbewusstsein stärken uns, wir sind klar und lassen uns nicht verbiegen. Aus Liebe zu uns verteidigen wir uns, schützen und beschützen uns und vermeiden, so gut es geht, Gefahrenzonen (auch zwischenmenschliche). Wenn wir für uns selbst Verantwortung übernehmen können, können wir das auch für andere (Kinder, Freunde, Partner, Mitarbeiter). Wir lassen uns nicht alles gefallen und wollen andere so behandeln, wie auch wir behandelt werden wollen. Mit Fähnchen im Wind lässt sich kein Ziel ansteuern.

Großzügigkeit steht nicht nur für das Gegenteil von Geiz, sondern ist vielmehr noch eine Haltung. Verschwendung wiederum ist ein falsches Extrem. Übertriebenes Geben ohne Sinn und Verstand hat wenig Wertvolles in meinen Augen. Übertrieben kann bedeuten, zu geben ohne ein Gefühl und Bewusstsein dabei. Verantwortung bedeutet Schutz, Sicherheit und Empathie und nicht einfach aus dem Ego heraus zu handeln, weil man nur eigene Ziele verfolgen will. Als Eltern sind wir verantwortlich, die Liebe unserer Kinder zu stärken, ihre Persönlichkeit zu fördern und ihren Charakter zu erkennen. Als Chef, unsere Mitarbeiter gut zu führen, ohne klassisches Hierarchiedenken, denn hinter dem Erfolg eines Unternehmens steht jede noch so kleine Einheit.

Authentizität

TUN, was man liebt, und SEIN, wer/wie man möchte – das ist Authentizität. Authentische Menschen geben uns Sicherheit, sind ein verlässlicher Kompass mit klarer Richtung. Diese Menschen zeigen uns, woran wir sind, weil ihre Worte und Gefühle mit ihrem Handeln konform gehen. Keine Maske, keine Rollenspiele, einfach Transparenz im Sein. Es gibt nichts zu verstecken, zu verbergen, zu vertuschen. Diese Menschen strahlen enorme Souveränität aus, wie jemand, der »angekommen« und im Reinen mit sich ist.

Wer gern andere Menschen beobachtet, erkennt in der Regel schnell, wer Mangel ausstrahlt. Einen Mangel an sicherem Körpergefühl, Selbstbewusstsein und Liebe. Heruntergelassene Mundwinkel, tiefe Labialfalten, hängende Schultern, zusammengekniffene Lippen sind eindeutige Zeichen. Diese Menschen fühlen sich nicht wohl in ihrer Haut, sie sind eher so etwas wie ihr eigener Fremdkörper. Sich gern zu zeigen, nimmt man ihnen so nicht ab.

Ich spreche gern mit diesen Menschen, bin ihnen als Wohnkosmetikerin oft begegnet, doch bevor ich mich auch außerhalb der Arbeit mit ihnen treffen möchte, müssten sie wahrscheinlich offen dafür sein, an ihrer Ausstrahlung zu arbeiten. Als Privatperson ziehe ich diese Menschen eher nicht an, obwohl ich immer das Bedürfnis verspüre, ihnen zu zeigen, wie sie wirken. Doch so verschieden jeder ist, auf jeden Topf passt ein Deckelchen, man muss ihm nur begegnen. Und darum liebte ich wohl meine Einsätze so sehr, weil am Ende die Ausstrahlung eine andere war, oft sogar als Schönheit von mir empfunden.

Ein Leben ohne Zuwendung (körperliche, emotionale, geistige) ist ein Leben in Isolation, ist emotionales Verdursten und seelisches Verhungern. Die Erde bebt, es flutet Gewalt, und es entsteht neben Rohheit doch ein GEMEINSAM, das gerade von jenen ausgeht, die die Arme etwa vor Flüchtlingen nicht verschränken. In Not geratene Mitbewohner einer Erde, die auch wir bewohnen, wir, denen es weit besser geht und die nicht auf der Flucht sein müssen oder durch Kriege traumatisiert werden.

In Menschlichkeit steckt Mensch, aber nicht annähernd steckt in Mensch immer Menschlichkeit. In Lieben steckt Leben, doch ist nicht jedes Leben voller Liebe.

Be positive!

Warum? Weil es so einfach ist, weil es so guttut und weil es allen etwas bringt. Denken wir positiv über / an jemanden, stärken wir ihn. Umgekehrt könnten wir ihn schwächen, und erst recht passiert das in erste Linie mit uns selbst. Die Macht der Gedanken, ein Füllhorn der Energie. Gedanken strahlen aus und ziehen ihre Kreise. Wer hat gelästert und maßt sich an, über jemanden herzuziehen, den er nicht wirklich kennt? Lästern wir über Freunde, müssten wir die Freundschaft in Frage stellen, erst recht, wenn unser Freund von unserer Nachrede nichts weiß.

Über jemanden zu reden ist das eine, doch jemanden zu bewerten und über ihn herzuziehen das andere. Wenn wir jemanden nicht mögen, schenken wir ihm bitte keine Aufmerksamkeit, erst recht keine negative. Punkt. Durch schlechtes Gerede und üble Nachrede zeigen wir uns selbst von einer schlechten Seite und verstopfen uns mit Negativem, das auch nachhaltig auf unsere Gesundheit schlägt. Und was Konflikte anderer angeht: Wenn Sie das Gefühl haben, erfolgreich vermitteln zu können, dann tun Sie es auch!

Mit anzusehen, wie Freunde oder Kollegen einander ins Messer laufen, kann auch uns etwas angehen. Niemand behauptet, dass die Rolle als Freund oder befreundeter Außenstehender bequem und einfach ist. Doch stets aus der Schusslinie zu flüchten ist manchmal feige und wenig dienlich. Setzen Sie sich ein – besonders für Menschen, die Ihnen am Herzen liegen, und erst recht, wenn Sie zur Schlichtung beitragen könnten. Und geht die Sache schief, dann haben Sie es aus guter Absicht getan. Wann immer es einen Streit gibt, fragen Sie sich bitte: Was würde die Liebe (Freundschaft) dazu sagen?

Das virtuelle Umfeld

So kalt diese Welt oft erscheint, an manchen Tagen selbst die eigene kleine, weil wir einander weniger real begegnen, sondern uns dank technischer Gimmicks streicheln und küssen können. Wir schicken Telefonate in Monologform von einem Handy zum nächsten und freuen uns, dass dieser virtuelle Wahnsinn auch sein Gutes hat. Auf Klick zum Kick! Per Klick zum Glück, zur Liebe oder nur mal eben per Emoticon-Lächeln an die Freundin, so von Couch zu Couch. Statt Worte setzen wir Zeichen, auch wenn sie den Wert einer persönlichen Begegnung niemals ersetzen. Technik verbindet? Stimmt! Technik macht süchtig? Stimmt! Technik kompensiert? Stimmt! Doch immerhin muss niemand mehr allein mit seinen Sorgen sein, er wirft sie einfach ins Netz und wartet auf ein »Like«. Technik schafft Nähe? Stimmt! Technik wird verändert, verfeinert, erneuert und ersetzt. Menschliche Werte auch? Stimmt nicht! Und es ist an jedem von uns, das zu ändern. Stichwort: Streicheleinheiten, von Haut zu Haut und nicht nur über flüchtige Zeichensprache.

Dank des Internets können wir sogar an Orte reisen, über die wir früher nichts wussten – was mir persönlich sehr gefällt. Per Mausklick bis ans Ende der Welt, zum Nulltarif eine Reise um den Erdball. Wir tauchen in atemberaubende Urlaubsfilme, die Reisende für uns ins Netz gestellt haben. Filme, die unser Fernweh schüren – aber auch unseren Horizont erweitern und die Phantasie anregen.

Aufgabe: Einmal in der Woche eine kleine Reise machen! Welche Ziele haben Sie schon immer gereizt, doch mangelte es an Zeit und Geld? Ich mache mir den Spaß und zeige mit geschlossenen Augen auf einen Punkt meiner Weltkarte: Puebla, mexikanischer Bundesstaat. Perfekt, mir völlig unbekannt. Ich bin dann mal weg …

Mantra: Ich bin jung, solange ich hungrig und neugierig bin.

Das globale Umfeld

Wem gehört die Welt, wer ist Vermieter dieser Erde? Zumindest gehört nicht jeder von uns zu den Bilderbuch-Mietern, die diese Erde verdient hat. Wir roden Wälder und erschießen deren Lebensbewohner, die Tiere. Zerstören wir

Natur, zerstören wir die Paradiese dieser Welt. Wer gab uns grünes Licht dafür? Wir nehmen, ohne zu fragen! Und am Ende begegnen wir uns als Gegner (Tierschützer/Jäger), die von Frieden weit entfernt sind.

Ich frage mich oft, wie viel Schmerz, Gewalt und Traumata diese Welt noch ertragen kann? Wann wird die Erde deutliche Signale geben, weit über Naturkatastrophen hinaus? Ich habe Angst.

Mensch und Natur werden schon lange auf eine harte Probe gestellt. Klimakatastrophen, Völkerwanderungen, Invasionen, Heimatlosigkeit, Kriege, Kämpfe, Gewalt und Brutalität – willkommen im 21. Jahrhundert, haben wir denn nichts von den Schrecken der Vergangenheit und den Erzählungen unserer Vorfahren gelernt? Ängste schüren noch das Mangeldenken: Bleibt für mich genügend übrig? Dieses Phänomen herrscht schon im Kleinen, wenn wir uns in Schlangen am Hotelbuffet wiederfinden oder eine Sonnenliege mit dem Handtuch sichern aus Angst, wir könnten leer ausgehen.

Soziales Engagement und ein gesteigertes Wir-Gefühl für eine bessere Umwelt und mehr Lebensqualität sind wichtig, für uns und unsere Nachfahren. Wir präsentieren unseren Kindern eine Welt, die wir fahrlässig behandeln und zerstören. Wir stellen das fest und ändern doch zu wenig. Und wenn, dann zieht es noch zu kleine Kreise. Solange nicht jeder das selbe Ziel verfolgt, wird es ein Kampf gegen Windmühlen sein.

Wenn morgen das Geld seinen Wert komplett verlöre oder es abgeschafft würde, es bliebe uns die Tauschwirtschaft von Leistungen und Gütern. Hätte jeder von uns genug zum Tauschen, um überleben zu können? Es wäre unerheblich, ob Materielles oder Ideelles (Fähigkeiten, Fertigkeiten) eingesetzt würden. Wenn jeder wüsste, was er wirklich kann, worin er gut ist, könnte er überleben, auch wenn es zunächst chaotisch zugehen würde. Was ich von meinem Vater gelernt habe, ist, nicht den Preis einer Sache zu sehen, sondern den Wert dahinter. Nach dem Motto: »Ich gab dir XY, und du gabst mir nur XX?« Für den einen (Geringverdiener) ist die Einladung zu einem Getränk nicht weniger wert als die Einladung zum Essen.

Ich bin jetzt siebenundvierzig Jahre alt – wie wird wohl diese Welt in noch einmal so vielen Jahren sein? Welches Erbe hinterlasse ich meinen Kindern und Enkeln? Für was habe ich gekämpft, mich eingesetzt, für was bin ich eingestanden? Ich möchte gerne Spuren hinterlassen. Vielleicht erreiche ich das schon durch meine Bücher. Welche Spuren hinterlassen Sie schon jetzt und welche zukünftigen wünschen Sie sich?

Über die Zukunft

Spuren hinterlassen. Die der Liebe? Die der Kreativität? Welche Begriffe könnten sowohl für Ihre Lebensführung als auch für Ihre Person stehen? Die Vorstellung, dass bestimmte Ereignisse und Programme weitervererbt werden, gibt mir ein Gefühl von Ohnmacht. Doch auch ein Gefühl für mehr Bewusstsein, nicht fahrlässig zu handeln.

Öffnen wir uns dem Wandel der Zeit, ohne uns von Wertvorstellungen, von denen wir überzeugt sind, zu trennen, nur weil andere nicht ähnlich denken. Ich wünsche mir ein

Zeitalter der Nächstenliebe, welches das Streben nach grenzenloser Macht endlich ablöst. Wie viele Maschinen werden noch von Menschen erfunden, um wiederum den Menschen zu ersetzen? Wie viel Mensch wird am Ende noch gebraucht, damit das Rad am Laufen bleibt? Eines Tages werden nicht einmal mehr Erfinder ihre eigenen Maschinen bedienen können. Werden Computer unser Denken übernehmen? Wie weit geht der Erfindergeist? Wird man uns Chips unter die Haut pflanzen? Werden die Fußwege nur noch Fließbänder sein, damit wir noch schneller von A nach B gelangen? Und warum das alles?

Ich will die Zukunft gerne mitgestalten, doch die Ruhe- und Rastlosigkeit bereitet mir Sorge. Ich bin Mutter zweier Menschen, nicht zweier Maschinen. Wird man ihren Arbeitseinsatz eines Tages überhaupt noch brauchen und ihr Studium würdigen? Wohin steuern wir? Gibt es noch ein Ziel, um endlich anzukommen? Ich spüre das Brodeln unter der Erde, kann weitere Aufstände spüren – die Welt braucht dringend eine Therapie! Sind wir Menschen die Einzigen, die die Welt entweder retten oder zerstören können, und greifen wir dennoch, sehenden Auges, zu Vernichtungsmethoden?

Wer sein Tempo drosseln will, verpasst den Anschluss. Was wollen wir denn von der Welt, und was erwarten wir vom Leben? Ich selbst hatte Freunde, die kaum noch Schritt halten konnten und erkrankten. Einige von ihnen nahmen sich das Leben. Sie versagten dabei, sich die Welt so schön zu machen, wie sie sie gern gehabt hätten, und fanden sich in ihrem Alltagskäfig nicht mehr zurecht.

Mantra: Ich will die positive Energie verstärken. Statt mich auf meine Sorgen (Mangel) zu konzentrieren, wodurch ich sie nicht kleiner mache, konzentriere ich mich auf die Dankbarkeit, die ich empfinden will, ein Wunder dieser Welt zu sein. Dankbarkeit ist Energie der Fülle.

Unsere Arztbesuche werden bezahlt, dem Supermarkt gehen die Waren nie aus. Noch schwimmen in den Flüssen Fische, noch können wir den Heizkörper aufdrehen und müssen nicht vor Bomben fliehen. DANKE!

Wäre die beste Medizin für eine heile Welt das kollektive Beten? Weltweite Gebete für Fülle, Frieden, Achtsamkeit – welch gewaltiger Energiefluss nähme damit Einfluss auf die ganze Erde. Ich weiß, dass Menschen nur Tausende Kilometer von mir entfernt vor Sprengsätzen fliehen und nur wenige Straßen weiter Familien in Suppenküchen Schlange stehen und um besseren Wohnraum betteln. Wie könnten sie sich meinem Wunschdenken anschließen? Dort, wo ein Freund zum Feind wird und den anderen für ein Stück Brot erschießt. Das macht der Krieg, die Gestalt des Bösen. Krieg ist die Antwort auf den größten Mangel unter Menschen.

Wie könnte ich jenen von der anderen Seite damit kommen, in Fülle zu denken? Und damit, dass erst die Fähigkeit aller, das Leben zu genießen, unsere Welt verändern kann? Und dass nicht das Göttliche das Böse auf Erden verantwortet, sondern der Mensch.

Erst wenn der letzte Mensch erfahren hat, wie wertvoll Leben ist, wie schön die Welt sein kann, erst dann geben wir der Erde zurück, worauf sie schon so lange gewartet hat: im Einklang und im MITeinander zu sein.

Aufgabe: Finden Sie etwas, das Sie der Welt, der Erde geben können, weil Sie ihr Besucher sein dürfen. Sie könnten Müll trennen, sparsamer mit Ressourcen umgehen (Strom, Wasser). Sie könnten öfter mal das Auto stehen lassen und auf Rad, Bus, Bahn umsteigen, wenn Gehen keine Alternative ist.

Mantra: Das Leben ist schön, und die Welt muss es auch wieder werden! Mein Frieden fängt im Kleinen an, mit der Familie und mit meinen Freunden. Was ich heute säe, werden meine Kinder ernten.

Im Hier und Jetzt leben

Vom richtigen Zeitpunkt

»Frau Köpp, was denn noch alles!? Der reinste Bauchladen! Wie ernst kann man das alles (Sie) noch nehmen?« So in etwa stand es da, öffentlich, als Reaktion einer Frau zu einer neuen Idee, die ich gerade voller Stolz auf Facebook gepostet hatte. »Das geht doch nicht!«, werden sich einige gedacht haben, und ich dachte nur: »Das sind eure Grenzen, nicht meine!«

Ich hatte einen sehr schwierigen Tag und mich abends bei meiner Freundin in Opferhaltung aufs Sofa geworfen. »Hey, ein Bauchladen? Wundervoll, Süße, denn der ist voller Lust und Leidenschaft! Wer etwas hat, wofür er brennt, begnügt sich eben nicht mit Schwärmerei. Wenn eine wie du erst mal Feuer fängt, setzt sie es eben auch gleich um, wer macht das schon! Ich empfinde deinen Bauchladen als wahre Schmucktruhe!«

Ich treffe zu gern Menschen, die voller Begeisterung sind. Ihre Lebendigkeit ist ansteckend und erfrischend. Von Menschen im Dornröschenschlaf gibt es schon zu viele.

Stellen wir uns vor, ich sei die gute Fee, die Ihnen einen (!) großen Herzenswunsch erfüllt. Wäre es ein materieller oder ein emotionaler?

Worin könnte auf die Schnelle Unterstützung für uns liegen, ohne dass wir einen Coach oder Therapeuten aufsuchen müssten? Wie wäre es mit dem Einfluss eines großen Himmelsobjekts: dem Mond. Machen wir uns seine Energie zunutze.

Hier, in kurzer Form, ein paar Infos, welche Themen wann erfolgreich angegangen werden könnten:

Bei abnehmendem Mond: Loslassen (bestimmte Sorgen, Beziehungen, Streit, Schulden, ungeliebten Job)

Bei zunehmendem Mond: Anschaffungen (Liebe, Freundschaft, Job, Geld)

Bei Neumond: Idealer Zeitpunkt für neue Projekte!

Bei Vollmond: »So, wie der Mond voll wird, wird die Erfüllung meines Wunsches wachsen.«

Auch wenn der Mond nur das Sonnenlicht zurückwirft und nicht aus eigener Kraft heraus leuchtet, so hat seine Energie erwiesenermaßen großen Einfluss auf Körper und Geist. Denken wir an Schlafwandler bei Vollmond oder an Friseure, die bei einem bestimmten Mondstand angeblich besser Haare schneiden und Strähnchen färben und so weiter.

Mit Vergangenem aufräumen

Du bist dort, wo deine Gedanken sind.
Sorge dafür, dass deine Gedanken da sind,
wo du sein möchtest.
(Rabbi Nachman von Bratzlaw)

Das Leben wird rückwärts verstanden und vorwärts gelebt. Was immer hinter uns liegt, es erschuf unsere Glaubensmuster und prägte Ansichten, Handlungen, Haltungen. Wenn wir sie entschlüsselt haben, leben wir im persönlichen Fortschritt. Nun können wir uns in der Gegenwart mit der Vergangenheit beschäftigen, doch wie tief müssen wir tauchen? Entscheidend ist, die Tür zum Verdrängten aufzustoßen, eine kleine Reise in die Vergangenheit zu machen, doch natürlich dort nicht ewig zu verharren. Denn entscheidend ist natürlich das Jetzt, in dem wir wachsen und glücklich sein wollen.

Sie haben keine Lust, sich Ihr Gestern anzuschauen? Wenn alles rundläuft, ist der Zeitpunkt vielleicht noch nicht da. Doch wenn Sie unzufrieden sind, dann haben Sie genau jetzt die Chance, ein paar Sachen anders zu machen.

Wo fühlen Sie sich am wohlsten? In der Vergangenheit, der Gegenwart oder der Zukunft? Vergessen Sie über das Gestern nicht das Heute, denn nichts ist schlimmer, als gedanklich immer wieder fortzufliegen und nicht wirklich dort zu sein, wo Sie gerade sind. Wir können an keinem anderen Ort sein als dem jetzigen. Und wir können nichts anderes tun, als uns dem zu widmen, was direkt vor uns liegt. Lassen Sie uns alle vielmehr zu 100 Prozent anwesend sein. Die Vergangenheit kann ein Verräter sein, weil sie sich immer wieder an die Oberfläche drängt. Sie holt uns ein, die Bilder, die Schmerzen, die Träume – wie oft sollten wir uns mit dem, was hinter uns liegt, auseinandersetzen? Auf jeden Fall, wenn wir im Leben keinen Sinn mehr sehen. Und dabei liegt noch so viel vor uns – haben wir auch das verdrängt?

Lassen Sie uns aktiv werden, auf Entdeckungs- und Abenteuerreise gehen. Was macht ein Leben überhaupt erst wert-voll? Partnerschaft, ein toller Job, zufriedene Kinder, aber am besten alles zusammen? Welcher Bereich läuft noch nicht rund, weil Vorstellung und Realität auseinanderklaffen? Befreien wir unsere Sehnsüchte aus ihren Ketten, denn das, was uns am Ende krank gemacht hat, ist, nicht im Einklang mit dem Auftrag unserer Seele zu schwingen, mit der wir ja schon auf die Welt gekommen sind.

Weil wir atmen, heißt das nicht, dass wir auch leben. Und ob wir tanzen, uns mit Freunden treffen oder einfach mal bewusst nichts tun – Hauptsache, uns gefällt, was geschieht. Freude, Lachen und Glücksgefühle sind die beste Medizin, rezeptfrei und voller schöner Nebenwirkungen.

Der verlorenste aller Tage ist der,
an dem man nicht gelacht hat.
(Nicolas Chamfort)

Ich kann es nicht mehr hören, doch weghören kann ich auch nicht, und deshalb treibt es mich wohl an, darüber zu schreiben. Umgeben von permanentem Klagen, Meckern, Schimpfen, Neiden, Lästern, dem man nicht entkommen kann – Energien, die die Luft verpesten, was an manchen Tagen richtig spürbar ist. Die Energie (Gedanken) von Menschen klebt in der Luft – und wir alle pumpen diese Luft in unsere Lungen. Und wir atmen Ängste, Trauer, Wut, Ohnmacht und Traumata ein.

Was im Fokus liegt, verstärkt sich und bekommt volle Kanne Aufmerksamkeit. Also konzentrieren wir uns auf das Gute bzw. den guten Ausgang in einer schwierigen Angelegenheit. Nicht vergessen, es liegt zu oft der Kern des Guten unter dem Umhang des scheinbar Schlechten. Da haben wir die Polarität wieder … Gleiches zieht Gleiches an, aber Fragen auch Antworten. Wie sehr wir Menschen einander doch brauchen, weil wir uns wertvolle Spiegel hinhalten! Ich wünsche mir eine Gesellschaft aus mehr Optimisten, Glaubenden, Friedensstiftern, Motivierenden, Heilenden, Lachenden, Liebenden, Strahlenden, Toleranten, Gönnenden, Offenen. Alles Gegenteilige wird uns auf Dauer schaden, bis wir uns noch mehr voneinander entfernen, weil wir uns einfach nicht guttun.

In Krisen Chancen sehen

Von beschissenen Tagen

Wie könnte ich sie anders nennen als beschissen. Kopfschmerzen, Fressattacken, Verstimmungen und Tränen bestimmen den Tag. Diese gefühlten Ewigkeiten, in denen das Kopfkino einen Endlosstreifen zeigt und du schon Ablagerungen im Gehirn vermutest. Du kennst zwar nicht die Gründe für die Weltuntergangsstimmung, aber es reicht, dass sie da ist und uns belästigt. In der Regel sieht der nächste Tag bereits viel besser aus, doch halten beschissene Tage an, dann kommen wir an unsere emotionalen und seelischen Grenzen. In Schmerz, Wut, Trauer und Enttäuschung spüren wir uns am intensivsten. Dann ist es Zeit, etwas zu ändern – allein oder mit Unterstützung!

Beschissene Tage sind wie kleine Verräter und ziemlich beklemmend. Selbst der Körper wirkt wie eine Last, die sich nur schwer bewegen lässt. Kaum ein Meter Leichtigkeit in einer blassen und farblosen Welt. Wo ist der Ausgang aus dem Stimmungstief? Besser noch: Durch welche Tür ist es hereinspaziert? Manchmal wünscht man sich eine Brücke, von der man sich stürzen will, bevor einem vor dem Aufprall Flügel wachsen, um wieder nach oben zu fliegen.

Wie gesagt, ein bis zwei Tage Stimmungstief sind ganz normal, krank macht erst ein Dauertief. Wie ziehen Sie sich selbst da wieder raus? Sind dunkle Gefühle die Schwingung auf etwas, das wir uns anschauen müssen? Man könnte sich auch betäuben, die Tage wegsaufen, Medikamente oder Drogen schlucken, doch Dröhnungen verwässern den Kopf, den wir ja brauchen. »Beginn den Morgen ohne Sorgen« stand eingerahmt auf dem Nachtschrank meiner Großmutter. Schönes Mantra, doch manchmal kommt es eben anders. Ist die Laune am Morgen die Nachwehe aus einem nächtlichen Traum? Was haben wir erlebt? Mancher Streifen war ein Krimi, eine Schmonzette oder ein Alptraum mit vielen Schlüsselsymbolen. Manchmal wie Karussellfahrt mit Kotzen, wie Hunger trotz Völlegefühl oder wie Bauschaumschlucken mit Dauerblähung. Das Schöne am Karussellfahren ist immerhin, dass jede Runde wieder von vorn beginnt und neue Kreise dreht. Und keine gleicht der vorigen.

Mantra: Mir widerfährt nur, was ich auch tragen kann! Nichts geschieht, ohne dass ich es am Ende nicht verstehe und einen Nutzen daraus ziehen könnte.

Das Leben ist schön

Das Leben ist schön! Und das ist es auch trotz scharf gewürzter Krisen, die uns ermöglichen (bisweilen zwingen), die nächste Lektion zu lernen. Doch nichts ist vergeblich, es gehört zu uns – es gehört zum Leben eines jeden Einzelnen, niemand steht permanent im Licht. In dem Moment, in dem wir mit Krisen besser umgehen, in dem Moment, in dem wir in ihnen auch Chancen erkennen, bekommt der Schmerz eine völlig andere Qualität. Wenn wir verstehen, dass Heilungs- und Lernprozesse zu Beginn immer schwierig sind und wir keine Angst mehr haben, sie anzugehen, sind wir auf dem besten Weg zu mehr Selbstvertrauen und Zufriedenheit.

Verdrängen heißt Weglaufen, doch wird das Ungeklärte uns verfolgen. Es gehört ja zu uns, nur muss es sich scheinbar gedulden, bis wir uns ihm öffnen. Weglaufen bedeutet, wertvolle Zeit zu verlieren, und dabei sind wir niemals schneller als das, was uns verfolgt. Wenn wir es verpassen, die Zeichen richtig zu deuten, verpassen wir wertvolle Chancen. Ich würde gerne wissen, ob sich Chancen immer wieder erneuern oder ob wir im Leben nur eine Handvoll bekommen, und wenn wir sie nicht nutzen, dann verfallen sie einfach und werden vom Konto abgezogen.

Ich bin keine Psychologin, eher bin ich Neugierige, Beobachtende, Begeisternde, Motivierende. Ich kenne meine Fehler, und ich weiß, sie werden nicht die letzten sein und könnten sich vermehren. Doch kann ich auch aus ihnen lernen, weil ich tatsächlich Lust drauf habe und viel zu viel Angst davor, dass die Lektionen im Leben immer härter werden, wenn ich weiter verdränge. Ich bin der Überzeugung, dass ich stets nur lernen kann, was mich weiter zu mir selbst bringt.

2015 wurde ich auf eine harte Probe gestellt. Weil eine Hiobsbotschaft der nächsten die Hand reichte, kam ich nicht einmal zum Verschnaufen. Als die letzte schlimme Nachricht kam, war alles schon so unwirklich. Das kann unmöglich alles in ein einziges Jahr passen, dachte ich. Doch auf der anderen Seite fühlte ich mich ungewöhnlich frei. Ich hatte nichts mehr zu verlieren, machte mich gerade und lächelte ins Universum. Ich wollte unbedingt mit Haltung und bei klarem Verstand herausfinden, warum mir das alles passierte. Ich hatte plötzlich keine Angst mehr, die Miete nicht zahlen zu können oder mies gelaunt meinen Kindern zu begegnen. Ich, die Frohnatur, die immer eine Lösung fand, für sich und andere. Ich bat so sehr um Hinweisschilder. Und dann besuchte ich eine Freundin in einem Laden. Und wem begegnete ich dort? Einer Schamanin. Es heißt, die kann man nicht suchen, sie muss einem begegnen.

Krisen als Chancen. Ja! Jedem Ereignis geht etwas voraus, das Leben ist ein ständiger Prozess, eine Verkettung von Ursachen und Wirkungen. Das Gesetz der Resonanz, das Echo auf unsere Gedanken und Handlungen. Ich denke an Freundinnen, die wirklich einen Burn-out hatten – ich hingegen hatte immer das Gefühl von Burn-in, weil das Feuer in mir selbst durch Krisen nicht gelöscht werden konnte. Wenn alles dem Gesetz der Anziehung unterliegt, dann können wir nicht anders, als uns nur auf das zu konzentrieren, was sein soll. Und wir sollten so lange üben und trainieren, bis wir wahrhaftig fühlen, als hätte es sich schon erfüllt bzw. als sei es gerade auf dem Weg zu uns. Wenn wir nicht nur visualisieren, sondern genau das auch fühlen, dann haben wir es geschafft. Dann ist alles endlich im Fluss! Resonanz schwingt nur in Harmonie, ob positiv oder negativ, doch was sich anzieht, befindet sich schlichtweg auf gleicher Frequenz. Und ob es zwei Themen sind, die einander aufklären wollen, oder Gleiches und Gleiches sowie Gegensätzlichkeiten – es treffen zwei auf demselben Sender zusammen.

Spannend, wie unterschiedlich wir von Menschen wahrgenommen werden und wie oft wir das Gefühl haben, »verkannt« oder »missverstanden« zu werden. Irren wir, oder irren die anderen? Chemie ist das Stichwort. Wir betreten einen Raum und ziehen bestimmte Menschen an. Unter Einfluss unserer eigenen Geschichte »beurteilen« und nehmen wir auch die anderen wahr, sind niemals frei von Wertungen, solange wir so kopfgesteuert sind. Und wie oft nehmen wir sogar Dinge ganz anders wahr, als es unsere besten Freunde tun.

Ich selbst bin ein sehr sensibler Mensch, der selbst kleinste Spannungen in Räumen und zwischen Menschen wahrnimmt. Und sollte die Energie von Menschen sich mal wieder derart auf mich übertragen, benutze ich stets zwei Begriffe, die mich wieder zur Ruhe bringen: »langsam« und »leise«!

Ich sage mir die Worte so lange, bis die Energie des anderen mich nicht mehr schwächen kann. Und dabei weiß der andere noch nicht einmal, was er gerade bei mir ausgelöst hat.

Geht es um die eigenen dunklen Gefühle und Launen, so kennen wir nicht immer ihren Ursprung. Wenn wir bereits morgens mit dem falschen Fuß aufgestanden sind und sich das wie ein roter Faden durch den Tag zieht, könnten wir in Selbstmitleid verfallen oder mit Gegenmaßnahmen starten: Ruhe, Natur, schöne Musik und schöne Gedanken – jetzt erst recht! Schlechte Gefühle sind das Ergebnis von Mangeldenken, dessen Saat wir weit vorher gestreut haben. Wir wünschen uns Fülle, also visualisieren wir auch Fülle, und besonders, wenn sie nicht da ist.

Wenn wir uns also wieder mal von blöden Stimmungen überrumpelt fühlen, dann gehen wir an die Sache anders heran. Sie dürfen sein, denn irgendetwas in uns meldet sich zu Wort. In der Regel verfliegt alles schnell wieder, doch tut es das nicht, müssen wir leider die Rückspultaste betätigen – irgendetwas haben wir ausgesandt, für das wir nun die »Quittung« bekommen oder das uns antwortet bzw. sagt, da war etwas nicht in rechter Ordnung. Gefühle sind übersetzte Worte, die unsere Seele benutzt, um mit uns in Verbindung zu treten.

Erinnern Sie sich noch an Ihre letzte Krise? Wie lange hielt sie an, was ist der Auslöser gewesen? Ich bin mir ziemlich sicher, dass Sie wenig erfreut darüber waren. Das könnte sich jetzt ändern! So schlimm sich die Krise anfühlt und sosehr sie uns anstrengt, weil wir sie nach außen hin nicht zeigen wollen und sie daher unterdrücken, ab jetzt behandeln

wir eine Krise nicht mehr als Feind, sondern als eine Ver-
bündete, die eine wichtige Lektion für uns parat hält. Also,
laden wir sie ein, kommunizieren wir mit ihr, als sei sie jemand, den wir gerade etwas besser kennenlernen möchten.
Widerstand ist zwecklos, denn wenn etwas besser werden
soll, dann muss es anders werden!

In unseren Zellen ist alles gespeichert. Wir können sie nicht
gesundstreicheln, aber wir können für neue Programme
sorgen, für mehr Achtsamkeit und Sorgfalt im Umgang mit
unserem Denken und Fühlen. Nehmen wir an, wir hätten
noch einen Monat zu leben, würden wir genau so weiterma-
chen wie bisher? Würden wir nicht eher die Menschen um
uns herum mehr wertschätzen und erst recht die Zeit, die
noch verbleibt? Intensiv und mit allen Sinnen leben, damit
sollten wir nicht erst so spät beginnen! Im Moment stehen
wir noch weiter entfernt von unserer Himmelspforte, also
können wir JETZT so leben, als wäre nichts mehr selbstverständlich!

Herausforderungen fordern. Als wir lernten, Rad zu fahren,
fielen wir die ersten Male hin. Gaben wir auf? Nein! Und
das Lernen hört (zum Glück) nie auf. Der Schatten lehrt
uns, was die Sonne uns nicht geben kann: die Möglichkeit
der Dunkelheit, die wir nicht fürchten müssen, nur weil wir
nichts sehen.

Wie viel Zeit bleibt noch, um Dinge zu tun, die Ihnen
gefallen könnten? Lassen Sie uns ernst nehmen, was uns in
den Sinn kommt, sonst wäre es ja nicht zu uns gekommen.
Mangelt es schon wieder an Zeit, an Geld oder an Antrieb?

Als meine jüngste Tochter zum ersten Mal ohne Hilfe ihre

Schwimmbahnen zog, strahlte sie über beide Ohren und sagte: »Mami, ich fühle mich glücklich!« Das hat mich sehr bewegt, noch mehr erleichtert, weil sie davor beinahe eine Krise bekommen hätte und verzweifelt wiederholte: »Ich kann das nicht!« Natürlich hätte sie aufgeben und die Sache aufs nächste Mal verschieben können, doch es war an mir, sie zu motivieren, nicht immer gleich die Flinte ins Korn zu werfen. Wir waren so lange geblieben, bis sie ihre ersten acht Züge allein gemeistert hatte. Sie muss meinen Glauben an sie gespürt haben. Später am Abend dachte ich über Mütter nach, die ihren Kindern das Gegenteil mitgeben, womit das erste falsche Programm für immer gespeichert ist: »Du schaffst aber auch gar nichts! Guck mal, wie die anderen schon so toll schwimmen!« Der Druck, der auf den Kindern liegt, muss enorm sein. Leichter lernt man anders. »Du schaffst es! Sage es dir immer wieder, bis du es geschafft hast!«

Das Leben ist schön. Und selbst, wenn es sich gerade von seiner schlechtesten Seite zeigt. In Wahrheit ist es nicht das Leben, das sich uns zeigt, sondern wir uns selbst.

Wie gehen Sie mit blöden Tagen um? Verschanzen Sie sich, oder laden Sie Freunde zum Tränentrocknen ein? Freunde, die Sie dafür mögen, wie Sie sind, nicht weil Sie dem Bild ähneln, das sie von Ihnen haben. Oder halten Sie gerade an jemandem fest, von dem Sie wünschen, er würde sich verändern? Wir haben nicht das Recht dazu, jemandem zu zeigen, wie gern wir ihn hätten, wenn er anders wäre! Ändern Sie diese Haltung, und es wird sich automatisch etwas zwischen dem anderen und Ihnen ändern. Was immer wir verändern, es verändert das, was wir ausstrahlen, denn es sind die Gedanken und Gefühle, die nach außen hin sichtbar werden. Zwangsläufig werden Menschen anders auf uns reagieren.

Mantra: Ich liebe das Leben mit Sonne und Schatten, achte das Gesetz der Polarität und das der Resonanz. Und mein Leben liebt mich zurück – denn ich bin mein Leben! Und wenn ich Heilung brauche, bitte ich um die richtigen Türen, die sich mir öffnen. Ich bin voller Vertrauen!

Aus unterschiedlichen Rollen schöpfen

Macht Ihnen ein bestimmter Lebensbereich besonders zu schaffen, sind Sie unfähig, ihn zu bewältigen, wodurch Sie sich klein und wertlos fühlen? Schauen Sie sich weitere Lebensbereiche an und lernen Sie zu trennen. Sie sind Freund, Elternteil, Kollege, Geschwisterkind, Nachbar ... Nicht in jeder Rolle sind Sie »unfähig«. Die Beziehung ist anstrengend? Trotzdem können Sie eine tolle Freundin sein! Stress mit den Kindern? Trotzdem können Sie ein toller Partner sein! Manchmal muss man die Bereiche einfach auseinanderrupfen, um sich nicht einzureden, man versage gerade auf ganzer Linie. Das ist nämlich nicht der Fall! Wir dürfen trotzdem glücklich sein, auch wenn ein Bereich von vielen nicht so rundläuft wie gewünscht. Ich weiß noch, wie mich meine große Tochter einmal fragte, warum ich glücklich sein könne, wenn doch die Beziehung zwischen uns gerade so anstrengend sei. Und ich erklärte ihr, dass ich als Mutter in ihren Augen gerade versagt habe, trotzdem aber die schönen Dinge, die mir passieren, genießen kann. Genau aus einem Grunde: weil ich eben nicht nur Mutter bin.

Mantra: Ich habe viele Lebensbereiche und fülle unterschiedliche Rollen aus. Nicht alle laufen immer schlecht zur selben Zeit. Wo ein Bereich mir Kraft raubt, schöpfe ich neue aus einem anderen.

Frage: In welcher Rolle fühlen Sie sich am wohlsten, in welcher sind Sie am erfolgreichsten und ausgeglichensten? Welche Eigenschaften beschreiben welche Rolle?

Unterziehen wir unser Leben einer TÜV-Prüfung! Das klingt zwar technisch, aber ich werde neue Begriffe für diese drei Buchstaben finden. Ziehen wir kritisch Bilanz und überspielen wir nichts mehr.

Wie lange liegt Ihr letzter Glücksmoment zurück? Ich weiß es, denn ich sammle sie auf kleinen Zetteln in einer Glasflasche. Und am Silvesterabend lese ich mir durch, wie schön das Jahr gewesen ist und an was ich mich in dem Moment nicht mehr erinnert hatte.

Was hat Ihren Glücksmoment zu einem solchen gemacht? Haben Sie selbst für ihn gesorgt, oder hat Sie jemand überrascht? Wie oft machen Sie sich selbst eine Freude und belohnen sich für kleine Erfolge im Berufs- oder Privatleben?

Verstand und Intuition

Das Leben ist toll! Sie sind toll! Sie sind das Leben! Ihr Leben! Sie allein sind der Steuermann, der die Stationen Ihres Lebens durch alle Gewässer schifft. Wie ernst nehmen Sie diese Arbeit, von der uns niemand entlassen kann außer wir uns selbst? Doch warum sollten wir das tun, solange wir noch nicht herausgefunden haben, warum wir hier sind? Warum das Leben ein Geschenk ist? Wir besitzen kein Navi, in das wir das Ziel »Glück« eingeben können. Aber wir haben zwei wundervolle Werkzeuge, die wir auf den Wegen brauchen: Verstand und Intuition.

Info: Intuition – Bauchgefühl, Geistesblitz, inneres Wissen, ohne Nachdenken aus dem Unterbewusstsein kommend
Verstand – analytischer (rational, bewusst, aufmerksam; der überlegt, beobachtet, erinnert und löst) oder reaktiver (arbeitet auf Reiz-Reaktions-Basis; übt Zwang und die Befehlsgewalt über Bewusstsein, Absichten, Gedanken, Körper und Aktionen aus)
Vernunft – Fähigkeit menschlichen Denkens, Zusammenhänge durch Schlussfolgerung herzustellen und nach Regeln und Prinzipien zu handeln, weil man beobachtet und erfahren hat. Wir unterscheiden zwischen theoretischer Vernunft (Erkenntnis und Wissenschaft) und praktischer Vernunft (vom Handeln, Lebenshaltung).

Der Verstand kann uns sagen,
was wir unterlassen sollen,
aber das Herz kann uns sagen,
was wir tun müssen.
(Joseph Joubert)

Was macht das Leben schön? Tolle Freunde, toller Job und toller Partner? Vielleicht Ziele als Antrieb, damit wir nicht ins Leere fallen und eine Aufgabe haben und gebraucht werden? Wie gehen Sie aufs Ziel drauflos? Haben Sie es eilig, oder genießen Sie in Ruhe jeden Meter?

Ein Ziel zu haben heißt nicht, auch schon den Weg zu kennen. Und deshalb heißt es auch »der Weg ist das Ziel«, denn wir lernen und erfahren währenddessen – am Ziel angekommen, geht es erst einmal nicht weiter. Oder es gibt schon ein neues.

Beneiden Sie immer stets jene, die Weg und Ziel schon kennen? Sie sind nicht besser oder schlechter als Sie, sie haben sich vielleicht nur besser mit sich selbst auseinandergesetzt. Üben Sie im Kleinen, stecken Sie sich Ziele, die überschaubar sind, die Sie auf alle Fälle ermöglichen können. Jeden Abend ein paar Schritte an der frischen Luft? Solange man geht, egal in welche Richtung, wird sich das Ziel automatisch ergeben. Kein Schritt ist vergeblich, selbst wenn man sich einfach nur mal treiben lässt.

Das Wunder Leben. Wunder. Leben. Der große Cocktail aus Endorphinen, Amphetaminen, Dopamin und Serotonin. Manches Leben ist ein langes und großes, ein anderes ein kleines und kurzes. Lebensjahre sagen noch nichts über Erfahrungen und Weisheit aus.

Entschleunigung

Kann man einen neuen Menschen aus sich machen? Die Persönlichkeit ist klar, doch Charakterzüge, Ansichten und Marotten können sich verändern. Bleiben wir aus Angst vor neuen Verletzungen zukünftig verschlossener? Verletzungen waren gestern, eine neue Begegnung steht in keinem Zusammenhang mit alten Wunden, warum wir uns so geben sollten, wie wir sind und wie wir gesehen werden wollen.

Seit kurzem lasse ich mein Smartphone öfter mal für kleine Strecken einfach zu Hause. Als ich mal in einem Café saß, die Menschen um mich beobachtete, sah mich niemand. Alle waren so vertieft in eine virtuelle Welt, obwohl die reale direkt vor ihren Augen war. Ich hatte keine Chance, mit jemandem ins Gespräch zu kommen oder den Flirtmodus anzustellen, ich war im Grunde gar nicht da. Ein erschreckendes Gefühl. Ich habe mich gefragt, wie viele Menschen die Glückscents entdecken, die ich mit meiner jüngsten Tochter regelmäßig in der Stadt verstecke. Wahrscheinlich liegen sie noch alle an ihren Plätzen, weil niemand seinen Blick vom Handy abwendet.

Für mich ist es befreiend, wieder um mich zu schauen, mich zu freuen und dankbar zu sein, wenn mir doch mal jemand in die Augen schaut, und sei es nur im Vorübergehen. Ich freue mich grundsätzlich immer mehr, weil Freude niemals selbstverständlich ist. Je mehr wir wieder zu Beobachtenden werden, desto mehr kleine Glücksmomente können wir erleben. Und wer nicht hinsieht, den soll es wohl nicht treffen, an dem zieht alles weiterhin vorbei.

Mantra: Ich werde sehen und beobachten und übersehe nicht die kleinsten Freuden, die mir der Alltag beschert. Dankbarkeit und Freude setzen enorm viel positive Energie frei.

Vertrauen Sie darauf, dass alles eine gute Wende nimmt, auch wenn die Heilung nicht gleich sichtbar ist und Sie vorher einen Weg des Schmerzes gehen müssen. Glaube, Liebe, Hoffnung, Überzeugung und Wissen. Gerade in schweren Zeiten wird unser Glauben geprüft, in guten brauchen wir ihn scheinbar nicht. Wenn das Leben von jetzt auf gleich aus den Angeln gehoben wird, wenn plötzlich nichts mehr ist, wie es noch eben war, dann werden wir enorm herausgefordert. Die alte Ordnung ist aus dem Ruder gelaufen. Unvorstellbares Leid löst das Glück ab, das wir kurz zuvor noch erlebt haben. Tod, Trennung, Krankheit – und die verzweifelte Frage, wie es weitergehen soll. Was wir natürlich erst viel später wissen: Wir werden das Schicksal überlebt haben, auch wenn es uns verändert hat. Der Schmerz verblasst, auch wenn er Teil von uns bleibt. Doch lernen wir einen besseren Umgang mit ihm.

Woran Sie glauben, woraus Sie neue Kraft ziehen, ist immer sehr persönlich. Wichtig ist nur, dass es etwas gibt, das Sie »rufen« können, wenn Sie es brauchen. Und sich bedanken, wenn es »geantwortet« hat.

Wissen, was guttut

Wir erfinden die schlauesten Dinge, arbeiten unermüdlich am technischen Fortschritt und denken uns weit in die Zukunft voraus. Doch in die Kristallkugel unserer persönlichen Entwicklung können wir nicht schauen. Wir peilen Ziele und Träume an, doch Gefahren auf dem Weg dorthin lassen sich weder ausschließen noch wegzaubern. Und das ist richtig so, wir haben jetzt verstanden, dass sie ihre Berechtigung haben und uns aus der Komfortzone zwingen. Wir können lückenlos unsere Tage verplanen, doch wir können nicht verhindern, dass etwas Unvorhergesehenes die Termine durchkreuzt.

Wie geht es Ihnen jetzt in diesem Augenblick? Gut? Beschissen? Egal? Warum geht es Ihnen gut, warum beschissen oder warum sind Sie eher gleichgültig? Ich frage mich jeden Abend vor dem Einschlafen, wie ich den Tag bewerten würde, ob ich tat, was ich wollte, oder wo ich stattdessen lieber gewesen wäre und was mich hinderte, zu tun, was ich eigentlich wollte.

Wir müssen wissen, was uns guttut, was uns glücklich und zufrieden macht. Wir sollten uns kennen wie kein anderer. Viele glauben, sich erst durch jemand anderen näherzukommen, und sind dann ziemlich überrascht, was alles in ihnen steckte. Wussten sie das wirklich nicht? Natürlich lernt man sich in jeder Partnerschaft noch einmal anders kennen, weil wir uns auf jemanden einschießen und er sich auf uns. Wir müssen einander vertraut machen, was besonders aufregend oder aber extrem anstrengend sein kann. Je mehr Vertrauen, desto leichter können wir uns Schicht um Schicht entblättern.

Die Überzeugung, mit der wir wünschen und an Erfüllung glauben, ist entscheidend. Ziehen wir eine Tragödie nach der anderen an, dann kann das Leben nicht deutlicher aufzeigen, dass wir auf dem falschen Weg sind.

Wir wurden nicht geboren, um zu leiden, sondern um zu leben und zu lieben! Welche Schlüsselerlebnisse haben unsere Vorstellung von Leben und Lieben geprägt? »Ich glaube nicht mehr an die Liebe!« Wenn ich das schon höre – ich glaube nicht, dass so etwas möglich ist.

Wir streben nach Anerkennung und Fülle. Das Einzige, das uns hemmt, sind Zweifel und Ängste. Was hat sie genährt? Wenn wir Freude und Dankbarkeit senden (in Ein-

125

klang von Gedanke, Gefühl, Glaube und Überzeugung), werden wir Dinge empfangen, für die wir genau das empfinden können. Die meisten bedanken sich erst dann, wenn sie bekommen! Lassen Sie es uns viel früher tun: »Danke, dass XY auf dem Weg zu mir ist!« Die Vorstellung, ein Traum erfülle sich noch heute Abend, verursacht dieses herrliche Ziehen hinterm Brustkorb, dieses flaue Gefühl im Bauch, wie wenn Verliebtheit uns Schmetterlinge beschert.

»Bist du verliebt?«, fragte mich eine Freundin, die ich nach längerer Zeit endlich wiedersah. »Nein! Warum?«, fragte ich zurück. »Weil du so glücklich aussiehst!« Ich hatte ein furchtbares 2015 und ein traumhaftes 2016. Ich fühlte mich ausnahmslos jeden Tag wohl, und genau das musste ich ausgestrahlt und sie wahrgenommen haben. Komisch, dass Wohlfühlen und Zufriedenheit oft nur mit der Liebe in Verbindung gebracht wird. Denke ich an meinen Zukünftigen, dann wird es ihn bestimmt beruhigen, dass nicht er der Anlass für meine Fröhlichkeit ist, sondern er nur miterlebt, was bereits ist. Ich will nicht durch jemand anderen zufrieden sein. Ich will es aus mir selbst heraus sein – will selbst der Grund für alles sein. Mit meinem nächsten Partner würde ich alles, was da ist, in doppelter Form erleben. Vier Augen entdecken einfach mehr.

»Alles fließt«, stammt von Heraklit. Nichts hält an, ist stets und ständig in Bewegung. Im Nachhinein beruhigt er uns natürlich, denn wenn es im Großen (ganze Welt) fließt, dann hat das Einfluss auf mein Kleines (meine Welt), ich muss mich nur ab und an treiben lassen und mich vom Fluss des Lebens außerhalb meiner vier Wände mitreißen lassen.

Und wenn wir uns gerade lieber verbuddeln wollen? Erlaubt! Die Frage ist nur, wie lange. Nicht dass plötzlich Scheu aufkommt, hinauszugehen. Was tun? Sich zwingen, nicht verbuddelt zu bleiben. Dem einen helfen Energiemassagen, dem anderen eine Therapie, ein Coaching, der Weg zum Astrologen, Hellseher, Heiler, Mediator, Schamanen oder Familienaufsteller.

Ist es nicht beruhigend, dass es Hilfe gibt, die auf uns wartet? Unser Zustand weist die Richtung. Bei Sinnfindung und Neuorientierung unterstützt der Coach, bei Depression oder ständigen Konflikten der Familienaufsteller, Astrologe oder Heiler. Durch unser Blut fließen alte Programme unserer Vorfahren, denen wir noch nicht einmal begegnet sind. Krankheiten, Charaktereigenschaften und Schicksalsschläge, manches wiederholt sich über Generationen. Der Besuch bei einer Schamanin hatte mein Gefühl bestätigt, etwas hätte sich gegen mich verschworen. Ich hatte versucht, mit meinem positiven Denken gegenzusteuern, doch ohne Erfolg. Ich hatte keine Idee mehr, wie ich mich aus dem negativen Erlebnisstrudel hätte befreien können, mein Optimismus kam an seine Grenzen. Und nach dreihundert beschissenen Tagen begann ich, mich endlich dem vollen Programm zu öffnen: Astrologie, Schamanismus und Familienaufstellung. Allein und nur anhand von Gesprächen hätte ich nicht herausgefunden, warum ich gegen Mauern anrannte, Verluste erfahren hatte und gleich zwei Betrügern in die Arme gelaufen war. Das war 2015. 2016, nach Beendigung meiner »Arbeiten«, startete ich in ein neues Jahr, das von Erfolg gekrönt sein sollte.

Solange wir atmen, klar denken und uns gesund bewegen können, können wir die Karten jederzeit neu mischen, denn wir allein entscheiden unser Leben. Krisen drängen uns zum Umdenken. Durch Zuversicht und Vertrauen schaffte ich es, damals trotz der Miseren einen klaren Kopf zu behalten.

Die Zeit verstreicht so schnell. Einige Momente wollen wir anhalten, andere so schnell wie möglich hinter uns bringen. Haben wir uns eigentlich gern an unserer Seite? Langweilen wir uns mit uns und sind abhängig von Gesellschaft? Wie wäre es mit einem ganz bewussten und geplanten Rendezvous, nur mit uns allein? Was würden wir ganz gern mal mit uns anstellen, auf welche Erfahrungen haben wir Lust? Oder sehnen wir uns einfach nur nach Ruhe und Entspannung?

Wissen Sie, wie Stille und Nichtstun gehen? Mit sich selbst zu schweigen, seine Gedanken abzustellen (Meditation), nichts zu tun – das ist ein Geschenk, das wir uns machen, wenn wir den ganzen Tag durch Zeit und Termine gehetzt sind. Unsere Fürsorge ist unser schönster Lohn! Das hätte mir mal jemand raten sollen, als ich noch zwanzig war und wie ein Wirbelwind von A nach B hüpfte. Und vielleicht gestalten Sie auch ein abwechslungsreiches Programm?

Nun bin ich keine zwanzig mehr und längst erwachsen. Und ich genieße mehr und mehr den Blick in mich hinein. Es ist zum Ritual geworden, vor dem Einschlafen in meinen Körper zu reisen, die Haut von innen abzufahren und mich dafür zu sensibilisieren, wo die Energie gerade stockt. Es fühlt sich sinnlich an. Und Sie? An welchen Stellen spüren Sie Verspannung, wo verkrampfen Sie? Nehmen Sie jedes Zeichen Ihres Körpers ernst, wir sind das Wichtigste, was wir haben!

Aufgabe: Finden Sie einen Ort, ob im Haus oder in der Natur, der Ihnen Rückzug bietet. Ein Ort, an dem Sie alle äußeren Einflüsse von sich schütteln; an dem Sie einfach sind, an dem Sie in der Stille Antworten finden. Hat Ihre Wohnung eine Lieblingsecke? Stellen Sie dort Kerzen auf, nutzen Sie ihn für Yoga, genießen Sie dort leise Musik und ein gutes Buch.

Gegen Zeitmangel und Stress

Zeit ... ist das, was jedem gleichermaßen verloren geht und von der wir nie genug haben. »Keine Zeit! Bin im Stress!« Welche Bedeutung haben diese Sätze? Deuten sie darauf hin, wie gut bzw. schlecht wir unsere Tage strukturieren? Je umfangreicher unser Pflichtprogramm, desto mehr sollten wir uns zwingen, kurze Pausen einzulegen, zum Wohl von Geist und Körper.

Wir fliegen durch Zeit und Raum – genießen wir den Flug? Verschwenden wir uns für Pflichten und räumen uns keine Rechte mehr ein? Komisch, denn wären wir morgen verliebt, schaufelten wir plötzlich Zeit frei. Doch bis dahin verzichten wir auf Zeit mit uns? Wir sollten uns in uns verlieben. Dieser Gedanke ist wunderschön! Verlieben Sie sich in sich selbst.

Auch Handyaktivitäten und Zigarettenkonsum stehen auf der Zeitfresser-Liste! Wir beklagen den Mangel an Zeit, investieren und pflegen aber in hohen Dosen den Umgang mit unseren Smartphones! In den Innenstädten, an Bahnhöfen und in Cafés schauen selbst Paare mehr aufs Telefon als in die Augen ihres Gegenübers, tippen mehr herum, als dass sie Händchen halten. Könnten Sie noch ohne? Könnten Sie ohne Probleme ohne Handy aus dem Haus gehen, oder wäre der Gedanke, nicht mehr rund um die Uhr erreichbar zu sein, fast unerträglich?

Wie oft am Tag (pro Stunde) blicken Sie aufs Handy, ohne dass es klingelt oder die Meldung über ein neues Posting eingeht? Ließen sich alle Smartphones dieser Welt steuern, ich wäre für lediglich zwei Stunden Umgang pro Tag. Wir würden uns daran gewöhnen, der Mensch ist ein Gewohnheitstier. Selbst Raucher haben sich daran gewöhnt, in geschlossenen Räumen oder im Flugzeug sich selbst und andere nicht weiter zu verpesten.

Ich habe vor kurzem meinen Onlinestatus auf Whatsapp geändert. Wann und wie lange ich online gehe, geht nur noch mich jetzt etwas an. Und ich will auch nie wieder jemanden stalken, ob er online war, um meine Nachricht zu lesen. Denn wenn er es nicht tat, ich aber sah, dass er online war, dann war das innerlicher Stress für mich. STOPP! Dieser Falle bin ich entkommen, und es war ganz schön einfach!

Morgens, wenn der müde Griff zum Handy zum Automatismus wird, dann weiß ich, dass Millionen Menschen gerade das Gleiche tun. Lediglich ein kleiner Prozentsatz unter ihnen schaut einmal morgens und einmal abends auf das Display, und dazwischen starren sie auf etwas unvergleichlich Wichtigeres: auf ihr eigenes Leben! Nicht immer erreichbar zu sein für jeden und zu jeder Zeit – das ist eine Form von Freiheit!

Zeit und Gesundheit sind unsere wichtigsten Güter. Umso wichtiger, dass wir den richtigen Job ausüben, den richtigen Partner an unserer Seite haben, ein Hobby uns erfüllt, kurzum: etwas Maßgeschneidertes, individuell auf unsere Persönlichkeit Abgestimmtes uns umgibt. Ich stelle meinen Kindern oft die Frage, wie es ihnen jetzt gerade geht, was schön und weniger schön am Tag gewesen ist. Sie sollen nachdenken, reflektieren und sich besser kennenlernen, wissen, was ihnen guttut und was nicht. Reflexion, Empathie und Intuition sind entscheidend für soziale Kompetenz (Umgang im Berufsleben, bei Freundschaften).

Sekunden, Minuten, Stunden, Tage, Wochen, Monate, Jahre. Ein Tag hat vierundzwanzig Stunden, einen Anfang und ein Ende, wie das Leben. Vivaldis *Vier Jahreszeiten* interpretiert es so wertvoll: das Erwachen des Lebens im Frühling (Kindheit), die Pubertät im Sommer, die Reife im Herbst und das Alter im Winter. Oder der Sonnenaufgang als Geburt des Tages, der Sonnenuntergang dessen Tod. Der Tag wird am Morgen geboren und wird um Mitternacht sterben. Ein Abschied für immer.

Solange unser Körper sich bewegt und unser Hirn aktiv ist, nutzen wir das bitte aus. Jedes Leben will gelebt werden, und ob körperlich oder geistig behindert – jedes Wesen ist zunächst einmal wundervoll! Wir wissen nicht, wie lang die Filmrolle unseres Lebens ist, jeder Augenblick zieht uns ein Stück vom Rest des Lebens ab, der so nie wiederkommt. Macht uns das traurig? Mitten unter uns bewegen sich Menschen, denen ihr Leben nichts bedeutet. Hatten sie sich mehr davon versprochen? Von wem genau?

Fühlen Sie sich eher gehemmt und eingeschüchtert oder getrieben, neugierig und abenteuerlustig? Machen Sie immer noch jemanden für die Umstände in Ihrem Leben verantwortlich? Verantwortung abzugeben heißt, die Selbstbestimmung zu verlieren und sich in Abhängigkeit zu begeben.

Machen Ihre Kollegen Ihnen Ihre Arbeit madig? Wechseln Sie den Job! Sie fühlen sich ungesehen in Ihrer Partnerschaft? Trennen Sie sich, wenn sich nichts ändern wird! Welche Werte hat man Ihnen in Ihrer Kindheit vorgelebt? Welche Verhaltensweisen haben Sie bei Ihren Eltern beobachtet? Welche haben Ihnen gefallen, und welche lehnten Sie innerlich ab? Haben Sie Widerstand geleistet oder sich in Ihre kleine Welt zurückgezogen? Was haben Sie verdrängt, damit Sie sich nicht mehr erinnern mussten? Was denken Sie heute und mit Abstand über Ihre Eltern? Was leben Sie Ihren eigenen Kindern vor?

Spüren Sie eine tickende Zeitbombe in sich, weil Sie bestimmte Dinge nicht angehen, weil Sie wie gelähmt sind? Wie anstrengend, darauf zu achten, niemandem zu begegnen, der die Zündschnur findet und dran zieht. Wann werden Sie sich von dem Druck befreien und endlich leichter werden?

Belastbarkeit

Anstrengend, diese Momente, in denen wir uns abgestumpft und leer fühlen, doch immerhin noch funktionieren wie Maschinen. Zeit und Ruhe sind uns nicht vergönnt, das Hamsterrad muss weiterlaufen. Wie belastbar sind Sie?

Solange Aufgeben keine Option ist, packen wir es an und

wachsen auch noch über uns hinaus. Die Kraft, die wir dadurch entwickeln, kann uns irgendwann zugutekommen. Das ist nicht anders mit dem Kinderkriegen. Mitten im Geburtsablauf sind wir überzeugt davon, das schier Unmögliche niemals zu schaffen. Wir fluchen, schreien, stöhnen, flehen und sehnen einen Abbruch oder endlich das Ende herbei. Doch Alternativen gibt es nicht, und so machen wir weiter, um nur wenige Stunden später alle Anstrengung vergessen zu haben, wenn wir einen kleinen Menschen auf der Brust liegen haben.

Hetzen wir immer nur durch Raum und Zeit, merken wir kaum, wie müde und erschöpft wir in Wahrheit sind. Die Belastbarkeitsgrenze ist eigentlich erreicht, doch müssen wir noch ein Stück weiter, ein Stück darüber hinaus. Auf manche wirken wir so hart und abgeklärt. Ich denke eher »abgekämpft«. Wir kommen uns vor wie eine Hülle, die nichts von einem menschlichen Körper hat. Unser Panzer wird immer dicker, wie die Hornhaut. Wir spüren kaum noch die Giftpfeile von außen, aber durch die Dicke der Hülle auch kaum noch feine Nuancen, die wir früher noch wahrgenommen haben.

Als Giftpfeile empfinde ich auch Urteile anderer, die mit Kritik vernichten und schwächen wollen, statt mit konstruktiver Unterstützung zu stärken. Kommt auch Ihnen das bekannt vor? Wie lange der Motor noch mit Benzin betankt wird, weiß man oft nicht, doch wenn wir nicht bald nachtanken, bleiben wir liegen. Und eigentlich sehnen wir uns genau danach, einfach mal liegen zu bleiben. Und wir wollen allen sagen, dass da ein Schatz in unserem Innern ist, doch keine Zeit bleibt, ihn zu zeigen und zu polieren.

In Wahrheit aber haben wir noch so viel zu erledigen – aber doch nicht uns selbst!

Verdammter Teufelskreis: nicht aufhören können, weil die Aufgaben als selbständige Single-Mami nie weniger werden, und doch so gern mal wieder gesehen und erkannt (anerkannt) zu werden. Nicht das Außen, das unter Strom steht, sondern das Innen, das fast verhungert ist, weil die Nahrung gerade mal für das andere (die anderen) reicht.

Zum Glück ist nicht das ganze Leben so. Und bald darf's wieder heißen: Wer streichelt uns das Winterfell weg? Wer zieht unser Boot wieder an Land und hilft uns, den Anker zu werfen?

Ich möchte der Frau in mir, die ständig Lust hat, Purzelbäume zu schlagen, wieder mehr Raum geben. Meinetwegen tanze ich auch meinen Namen! Ich wurde oft gefragt, warum ich nie zusammengebrochen bin, immerhin gehe ich nicht nur einer (!) selbständigen Arbeit nach. Genau, aber es sind Arbeiten, die ich liebe! Ich war schon immer eine Kämpferin, eine Powerfrau, die nicht viel Schlaf braucht, solange sie tun darf, wozu sie sich berufen fühlt. Weil ich mich immer wieder neu erfunden habe, empfand ich immer am Ende mehr Aufbrennen als Ausbrennen. Ich habe so viel Schönes im Leben getankt, dass ich in harten Zeiten genug abzapfen kann.

Vom Glück

Gäbe es das Virus Glück, es sollte sich sofort verbreiten und uns alle infizieren! Wie sehr uns schon ein freundliches Lächeln berührt, eine liebevolle Geste, ein offenes Ohr, guter Service, fröhliche Nachbarn. Und wie sehr gerade DAS auffällt, weil hier extrem viel Mangel herrscht. Glück … das Geschenk an uns, von uns gemacht. Glück kann uns als äußerliches Geschehen begegnen (Zufall, Schicksalswendung) oder generell die Art sein, wie günstig etwas für uns ausgeht, ohne dass Talente oder eigenes Zutun nötig waren. Die Fähigkeit, Glück zu empfinden, hängt auch von der Bejahung einer gegebenen Situation ab! Glück haben. Glücklich sein. Das Glück hat viele Farben und Gesichter. Von außen kommt das Glück, und innen wohnt das Glücksgefühl. Die Welt ist rosarot so wunderschön, auch wenn die Brille danach mal beschlagen kann. Wir können Glücksmomente kaufen, doch füllt es nicht auf Dauer unsere Seele, es befriedigt eher einen (materiellen) Anspruch. Liebe ist Glück. Glück ist Liebe. ICH BIN GLÜCK und WIR SIND FREUDE, das klingt so wundervoll, viel mehr, als es zu haben. Menschen, die am offenen Fenster hängen, um wenigstens Zuschauer kurzer Frequenzen im Leben der anderen zu sein, doch deren Freude nicht ertragen können – wie holen wir gerade diese Sorte Mensch bloß aus dem Schatten auf die Sonnenseite des Lebens? Je mehr wir einander Gutes gönnen können, desto mehr gönnt man auch uns (Resonanzgesetz). Neid ist keine Tugend und kehrt sich gegen den, der ihn empfindet. Wir dürfen jemanden beneiden, doch sollten wir ihm niemals etwas neiden. Wann wird es endlich einen Impfstoff gegen schlechte Eigenschaften geben? Gegen Bösartigkeit, Vandalismus, Mordlust, Pädophilie und andere Abartigkeiten?

Glück ist Lachen von innen, das seinen Weg nach außen findet. Braucht man immer einen Grund? Lebensfreude ist auch eine Haltung, ein Anspruch, dem Leben positiv zu begegnen, keine Angst vor Überraschungen und Richtungswechseln zu haben. Welche Dinge packen Sie unter Zufriedenheit, welche unter Dankbarkeit und welche unter Glück?

Willst du glücklich sein im Leben,
trage bei zu and'rem Glück,
denn die Freude, die wir geben,
kehrt ins eig'ne Herz zurück.
(Johann W. von Goethe)

Ihr persönliches Upgrade

Unsere Festplatte speichert täglich neue Eindrücke, dagegen wehren können wir uns nicht. Doch einschließen wollen wir uns auch nicht. Wie viel ist brauchbar? Schalten wir den Virenscanner an, der komprimiert und aussortiert. Lassen Sie uns alte und negative, uns behindernde Programme und destruktive Gedanken unter die Lupe nehmen und ihnen nicht mehr Futter geben.

Wer glaubt immer noch das, was ihm als junger Mensch oft eingetrichtert und als vermeintlich »richtig« vorgelebt und erzählt wurde? Lasst uns hinabsteigen in das Tal unserer festgefahrenen Muster und nie überarbeiteten Ansichten. Auf zum Upgrade! Wie haben wir über Liebe, Glaube,

Partnerschaft und Werte früher gedacht, und wie stehen wir
heute zu ihnen? Wer sich noch sträubt, diese Reise in seine
Tiefen zu gehen, hemmt den Veränderungsprozess und
kommt nur langsamer oder nie ans Ziel. Das Ziel: SELBST-
ERKENNTNIS!

Wer von Ihnen denkt jetzt, mehr sei gar nicht möglich,
man gebe doch schon alles? Und wer wird sagen, dass er
eigentlich schon alles hat? Wenn das so wäre, dann würden
Sie dieses Buch nicht mehr in Händen halten. Und was heißt
überhaupt »alles«? Hatten Sie Vorstellungen und Träume,
die unerreichbar waren?

Wenn du es denkst,
dann muss es möglich sein!

Ich liebe diesen Spruch. Ich weiß nicht, was die Menschen
unter »alles« verstehen, doch in der Regel geht immer noch
mehr, und erst recht, solange wir nicht angekommen sind.
Stecken Sie auch manches Ziel zurück und machen Kompromisse, oder wollen Sie immer weiter, höher, schneller?
Glauben Sie, in Ihrem Leben gibt es Grenzen? Alles, was
uns bremst, schürt einen Mangel. Fangen wir an, auch unsere Aussprache und Dialoge mit anderen bewusster zu sehen.
In der Zukunft, die JETZT beginnt, liegen Hoffnung und
Chancen. Solange wir immer nur andere beneiden, bestäti-
gen wir den eigenen Mangel. Wenn das auch noch zu Neid
und Missgunst führt, entfernen wir uns immer mehr von
Glück und persönlicher Fülle. Mangel und Liebe, Mangel
und Zufriedenheit, Mangel und Glück – keins der Paare
passt zusammen! Suchen Sie den Umgang mit Menschen,
die erfolgreich ihren Weg gehen, lassen Sie sich inspirieren

und motivieren, tauschen Sie sich aus. Eines Tages werden Sie vielleicht andere unterstützen können. Erfolgreiche Menschen sind überall zu finden. Wir könnten auch Orte aufsuchen, in denen Bildung und Wissen Anziehungspunkte dieser Menschen sind. Und das ist wundervoll, dass Bildung und Wissen nichts kosten, doch je mehr von beidem, desto höher das Einkommen, wenn wir was draus machen. Wir brauchen lediglich einen Computer und Seiten, über die wir uns Wissenswertes beschaffen und unseren Horizont erweitern können!

Ich habe mal zu meiner Tochter gesagt: »Dein Wissen wirst du dir vergolden lassen, also lerne, bleibe offen, interessiert und neugierig! Gepaart mit einem guten Charakter und Rückgrat sowie sozialer Kompetenz kannst du alles erreichen, was du dir wünschst!«

Hauptsache, wir befreien uns aus der Starre und sprengen endlich die Fesseln, die uns abhalten von dem, was wir eigentlich tun wollen und ersehnen. Mein Vater nannte es zu meiner Zeit »Reihenhaus-Denken«. Das klang böse, doch später verstand ich, dass er uns weit im Denken machen wollte. Die meisten, die über Mauern springen wollen, bleiben mit dem Arsch doch kleben.

Mantra: Umarmungen statt Ellbogen! Ich gönne jedem nur das Beste, genau wie mir. Neid ist keine Tugend, wir gewinnen nichts durch ihn, nur noch mehr Unzufriedenheit (Mangel).

Können Sie sich über das Glück des anderen freuen, seine Freude teilen, auch wenn Sie selbst gerade nicht vom Glück geküsst werden? Es gibt kein Timing, was Glück und Leid angeht. Wichtig ist nur, den dunklen Tagen nicht die Oberhand zu lassen. Finden Sie viel besser heraus, warum sich Ihr Leben im Moment nicht rund anfühlt und ob Sie nicht gerade einen Test vor sich haben, der Wachstum bescheren wird.

Vielleicht haben Sie kürzlich eine falsche Entscheidung getroffen, weil Sie nicht auf Ihr Herz gehört haben? Oder Sie haben sich mit den falschen Leuten zusammengetan, den falschen Job gewählt oder Ihre Partnerschaft zieht Sie runter. Irgendwas ist immer, so dass sich immer etwas finden lässt, das einen momentan eher düsteren Zustand erklären kann. Unterm Strich gesagt: Unsere Seele wehrt sich und weist auf etwas hin, sonst würden wir nicht fühlen, was wir fühlen. Und das ist wichtig für unser Update.

Denken wir darüber nach, was uns hemmt, uns bremst, was uns uns selbst klein und bescheiden fühlen lässt. Wir sind keine Kinder mehr, die sich in ein Korsett stecken lassen und über die man hinwegentscheidet. Doch solange wir uns anpassen, uns immer nur abfinden, wird sich nichts verändern können.

Träume ab der Lebensmitte

Vor uns liegt noch so viel Weg, auch wenn er etwas kürzer scheint als der, den wir bereits gegangen sind. Bis zur Lebensmitte ging die Kurve steil bergauf, dann wechselt sie die Richtung, und leider ausgerechnet dann, wenn wir an Weisheit gewonnen haben und uns selbst immer näher gekommen sind. Wenn wir den Sinn unseres Daseins und unsere Aufgabe langsam verstehen. Die schönste Stunde im Leben ist immer die Gegenwart. Wir können uns gern zurückerinnern, doch das SEIN ist stets im JETZT. Lassen Sie uns in den Genuss der Gegenwart kommen und das Beste aus dem Augenblick machen, wo immer wir gerade sind, wer immer jetzt gerade bei uns ist.

> **Mantra:** Ich genieße den Augenblick, denn der Augenblick ist mein Leben. Und die nächsten stehen schon Schlange. Heißen wir sie herzlich willkommen.

Die einen plätschern lethargisch vor sich hin, andere schöpfen aktiv aus dem Vollen – zu Letzteren will auch ich gehören! Mit siebenundvierzig will ich endlich wissen, was ich will und wo ich hingehöre (Job, Partner), doch eines kann ich Ihnen sagen, ich bin ziemlich nah dran! Die Träume aus meiner Kindheit sind nicht alle erloschen, einige habe ich umgesetzt, andere wurden überarbeitet, manche losgelassen oder angepasst. Ich stehe aber nicht mehr unter Druck, obwohl ich in der Lebensmitte angekommen bin. Ich habe einfach Glück gehabt, mich zu etwas berufen zu fühlen und damit auch noch Geld zu machen. Manche Träume ändern mit den Jahren ihr Gesicht, weil wir nicht mehr zu ihnen passen, oder umgekehrt. Altes wird gegen Neues ausgetauscht, ein paar Mängel werden behoben oder Teile repariert.

Was habe ich getan, damit sich meine Wünsche realisieren, und wen könnte ich verantwortlich dafür machen, dass sie sich am Ende nicht verwirklicht haben? MICH allein! Mich hat vieles im Leben durch meine Haltung zum Leben, meine Einstellung zum Sein und durch viele falsche Glaubenssätze gehemmt.

Ob es auch »falsche« Wünsche gibt? Nein! Wünsche kommen nicht einfach auf uns zugeflogen, sie sind bereits Bestandteile innerer Sehnsüchte, die nur ab und zu wieder erwachen. Vielleicht hat jeder Wunsch seine ganz eigene Zeit.

Aufgabe: Volle Kanne Konzentration auf einen Herzenswunsch. Gedanklich bestellen und im festen Glauben an seine Erfüllung abschicken und loslassen. Nicht vergessen: Gedanken sind Energie, und Energie geht nicht verloren. Sie können auch Ihre Wohnung mit dem Wunsch pflastern, indem Sie überall kleine Zettel hinkleben, auf die Sie immer wieder schauen, begleitet von der Vorfreude auf die baldige Erfüllung.

Und da stehen wir nun! Heute! Als Erwachsene blicken wir uns um – was haben wir erreicht? Wer begleitet uns? Schicksalsschläge hin oder her, haben wir eher erduldet, ertragen oder verändert? Wir bekommen nicht die Chance, alte Entscheidungen noch einmal zu treffen, aber wir bekommen neue vor die Füße geworfen. Der Weg bis jetzt und hierhin ist gelaufen, doch vor uns liegt genügend Strecke. Überlegen wir, wer uns weiterhin begleiten darf, und verabschieden wir schnellstens, was uns nicht weiterbringt. Die unehrliche Freundin, die unerfüllte Partnerschaft, der cholerische Chef. Reinigen wir unser Umfeld. Es geht nicht mehr um Quantität, sie schenkt uns keine innere Fülle – es geht um Qualität! Was ist mehr – der eine beste Freund oder die zehn Bekannten?

Was müssen wir aussenden (ausstrahlen), um ein Magnet zu werden für das, was wir anziehen wollen? Wahre Liebe, bezogen auf alle Bereiche unseres Lebens. Wenn Sie Stress mit Freunden haben, fragen Sie sich: Was würde die Freundschaft dazu sagen? Und knirscht es in Ihrer Partnerschaft, fragen Sie sich: Was würde die Liebe dazu sagen? Die Blickrichtung ändern und ein wenig Distanz zum eigenen Ich in der jeweiligen Situation bewirken schon kleine Wunder.

Vom Sinn der Arbeit

Träume umsetzen

Benutzen Sie manchmal Sätze wie »Es ist nun einmal, wie es ist«? Heißt das, wir können es nicht ändern, müssen uns abgeben und in Passivität verharren? Wie könnten wir denn andere Umstände herbeiführen, wenn wir nicht unseren Ist-Zustand veränderten? Wie können wir die Arbeit mit uns ernsthaft jemals einstellen wollen, wenn so viel Weg noch vor uns liegt, noch viele wertvolle Lektionen, Abenteuer und alles, was das Leben so lebenswert macht? Wie verschwenderisch mit Zeit und Leben umgegangen wird, wenn nur noch geträumt, doch nichts dafür getan wird, dass sich die Träume auch erfüllen.

Mantra: Don't call it a dream! Call it a plan!

Aufgabe: Das Träumen trainieren, es zum Werkzeug machen, seine Schlüsselsymbole zum Übersetzer dessen, was uns innerlich aufwühlt. Das Unterbewusstsein gibt preis und spuckt aus. Man könnte alle zwei bis drei Stunden den Wecker stellen, sich quasi direkt aus der Traumphase holen, um den Traum besser zu erinnern. Sind wir trainiert genug, können wir die Weckphasen reduzieren. Wer seine Träume aufschreibt, kann später in sich lesen wie in einem Buch, an dessen Deutung er sich machen kann.

Erfolg und Mut

Mut braucht es, sich in Gang zu setzen, ohne Angst vor dem Scheitern. Doch ohne wichtige Informationen, wie man umsetzt und aufbaut, kann die schönste Idee wie eine Seifenblase platzen. Zweifeln Sie nicht an Ihrem Vorhaben, beschaffen Sie sich lediglich das nötige Wissen und Knowhow. Wie gründet man, behauptet man sich auf dem Markt, und wie verkauft man sich? Aufgrund von Sparmaßnahmen möchte man am Anfang alles allein übernehmen, was auch Gebiete einschließt, die fernab vom Können liegen. Welch Teufelskreis, zusätzlich etwas tun zu müssen, was nicht zum Kerngeschäft, aber trotzdem dazugehört: Marketing, Gestaltung, PR und Text. Erfolg ist also das Ergebnis von Mut UND Verstand. Am Anfang schon aufs Ende zuzusteuern zieht Resignation nach sich, gefolgt von Schuldgefühlen und Selbstzweifeln. Leben war doch anders gedacht, und nun geht's wieder nur ums Überleben und wieder bergab, ohne zeigen zu können, wie gut man gewesen wäre. Gute Netzwerke sind Gold wert. Ich bin für viel mehr Austausch, für Tauschgeschäfte unter Gründern, damit der Schuster auch bei seinen Leisten bleiben kann und sich auf das konzentriert, was seine Vision war.

Wann, wenn nicht jetzt, könnten Sie Ihren Lebenslauf upgraden? Da ist genügend Platz auf Ihrer Vita, also: Raus aus der Komfortzone, hinein ins Leben, in Ihr Leben, das auf Sie gewartet hat!

Ziele und Chancen

In jedem wird etwas ganz eigenes Geniales stecken. Wäre die Welt voller Bäcker, es gäbe keine Friseure. Ich bin dafür, dass Menschen sich aus gleichen Sparten mehr zusammentun, zu Teamplayern werden, sich austauschen, befruchten, ergänzen und voneinander profitieren, um mehr Erfolg und Stärke zu generieren! Ich war allein, doch hinter vielen Erfolgen steht oft mehr als nur ein einzelner Mensch. Gemeinsam verfolgt ein ganzes Team die Idee seines Gründers. Gemeinsam wird man zum Erfolg, weil jeder ein unentbehrliches Teilchen im Kreislauf des Ganzen ist, was ihn zunächst auch unentbehrlich macht. Ich wünsche mir, dass Chefetagen von Industriekonzernen jenen die Hand schütteln, die auf dem Hierarchietreppchen ganz unten stehen, doch einen wertvollen Beitrag leisten.

Wir haben nichts zu verlieren – höchstens ein Stück von uns selbst, wenn wir nicht wenigstens mal wagen, zu gewinnen! Wenn die Sache schiefgeht, haben wir Erfahrungen gemacht. Und wenn wir es schaffen, wachsen wir über uns hinaus. Schluss damit, Arbeit als Straf- und Zwangsarbeit zu sehen. Der Weg aus der Zerrissenheit führt über drei Fragen:

*Welches Ziel haben Sie? Durch welche Türen
müssen Sie dafür gehen?
Wie würde sich Ihr Leben dadurch verändern (verbessern)?
Was brauchen Sie für Ihren Erfolg? Definieren Sie
bitte den Begriff für sich selbst.*

Wenn Ziel und Tür zusammenpassen, liegen Erfüllung (emotional) und Fülle (monetär) schon ziemlich nah. Doch nicht vergessen, Erfolg schließt Misserfolge nicht aus, denn auch der richtige Weg ist nicht immun gegen Irrtümer und Fehlentscheidungen – nennen wir sie weiterhin Prüfungen, um eine weitere Stufe der Erkenntnis zu besteigen. Reden Sie nichts schön – schauen Sie lieber hin, sonst tun es andere für Sie! Misserfolge sind erst recht keine Niederlagen, solange wir nicht falsch gehandelt, sondern der Schaden von außen auf uns zukam. Und doch werden wir es sein, die den Verursacher irgendwann einmal »gerufen« haben. Jaja, diese verdammten Denkmuster!

Zweifel und Fülle – ein Widerspruch? Ja! Warum auch immer es zum Scheitern kam, Verlierer sind wir keine mehr. Haben wir den Grund für ausgebliebene Erfolge durchleuchtet? Wir bleiben verantwortlich, wir zogen bewusst und unbewusst Menschen und Augenblicke in unser Leben, Schluss mit Schuldzuweisungen! Doch wir allein werden unser gestrandetes Schiff auch wieder hinaus aufs offene Meer ziehen. Geben wir niemals auf und stehen wir erst recht wieder auf, wenn wir gefallen sind.

Wenn Ihnen heute die Kündigung ins Haus steht, dann sehen Sie darin die Chance der Freiheit. Hätten Sie den Job von selbst geschmissen? Das Leben hat Besseres mit Ihnen vor. Was? Denken Sie nach, was es sein könnte.

»Es ist doch nie zu spät!«, sagen wir immer wieder zu anderen. Doch manchmal ist es das, zu spät! Dann ist es aus und vorbei, die Zeit ist abgelaufen. Solange aber etwas in uns brennt, stehen die Chancen gut, dass wir es (uns) noch verwirklichen können, und nicht nur, um später wütend zu sagen, wir hätten es doch viel eher schon ... doch wenn wir dem nicht wenigstens nachgehen, dann ist das Konto um einen Rückzieher reicher. Das ist nichts, an das wir gern erinnert werden wollen. Also, wann sagen Sie mal endlich zu sich selbst: »Es ist noch nicht zu spät«?

Lebenssinn und eigene Stärken

Wäre das Leben ohne Lebenssinn ein existenzielles Vakuum? Ist Ihr Lebenssinn mehr ans Sein oder ans Haben geknüpft? Haftet an Ihrem Leben genug Sinn, und füllen Sie den Sinn mit genug Leben? Sind Sie angekommen, und wenn ja, wo genau? In Ihrer Welt, in Ihrem Körper, in Ihrem Umfeld? Im Beruflichen und im Privaten? Spürt man, wenn es so weit ist? Ja! Da ist so eine innere Ruhe, die ein Tosen ablöst, eine Gelassenheit, die von außen nicht mehr angreifbar ist, weil nichts und niemand uns aus unserer Mitte werfen kann, mit der wir endlich fest verwurzelt sind. Ausgenommen sind natürlich Schicksalsschläge, auf die wir uns nicht vorbereiten konnten. Geben Ziele unserem Leben einen Sinn? Können wir träumen, ohne Ziele zu haben? Und Ziele, ohne sie vorher geträumt zu haben? Kann man sich um den Verstand denken? Wie lange muss man reisen, um ans Ziel zu kommen? Wie viele Ziele sind überhaupt möglich? Und was kommt nach dem Ziel? Ist wirklich nur der Weg das Ziel?

Jeder wird mit einem freien Geist geboren, selbst wenn man uns danach in Ketten legte. Weder unseren Geist noch unsere Seele oder unser Herz können ihrer Freiheit beraubt werden. Selbst unser Wille ist frei, doch je unreifer wir sind, noch ohne klares Rückgrat, desto leichter für andere, uns zu brechen. FREIHEIT und SELBSTBESTIMMUNG sind die Grundwerte jedes Menschen, die niemand mit Füßen treten darf.

Steve Jobs richtete sich in einem seiner Vorträge an junge Leute mit den berühmten Worten: »Stay hungry, stay foolish!« Zufrieden sein zu können ist eine Kunst, doch ruhen wir uns niemals auf ihr aus. Fragen wir uns weiter, ob wir etwas noch immer gut machen oder es noch besser könnten! Die Welt lebt von (verrückten, mutigen) Ideen – und warum sollten die nur immer von anderen kommen? Vielleicht schlummert ja auch in Ihnen eine Idee mit erheblichem Potenzial?

Die »schöpferische Zerstörung« nannte es der Ökonom Joseph Schumpeter, wo Neues zunächst zwar Unruhe bringt, doch durch Innovationen überhaupt erst neue Modelle entstehen können. So war es immer, und so geht es immer weiter, wie wir es ja erleben. Jene Vision, die sich als Leidenschaft entpuppt, setzt sich am schnellsten durch!

Leidenschaften. Viele Menschen haben weder Abi noch eine Lehre oder ein Studium hinter sich. Keine Abschlüsse in der Tasche zu haben heißt nicht, talentfrei zu sein. Wurden wir erkannt und gefördert? Wer brennt heute aus, weil er was tun MUSS (Pflicht) – und brennt nicht auf, weil er was tun DARF (Kür)? Wer seine Leidenschaften früh entdeckt, hat Glück, wenn nicht nur er allein darin die Chancen sieht. Ich selbst habe als Kind schon kleine Geschichten zu Papier gebracht und Räume im Nu mit Vorhandenem verändert. Dreißig Jahre später, mit meinem Sprung in die Selbständigkeit, war es mein Wunsch, mit Menschen ähnlicher Interessen gemeinsam zu wachsen und etwas noch

Größeres zu gründen. »Umarmung statt Ellbogen« war mein Motto gewesen, bis ich erkannte, dass nicht jeder meiner Mitbewerber ebenfalls so dachte.

»Ich verdiene manchmal mehr als du, aber reich bist eher du! Du hast Berufungen, ich nicht, oder kenne sie noch nicht!« Dieser Satz meiner Freundin sagt vieles aus. Ich hatte sie manchmal um ihr pralles Konto beneidet, sie hingegen mich für meine Leidenschaften und die Gabe, von jetzt auf gleich umzusetzen, was mir in den Sinn kam und mich nicht mehr losgelassen hatte. Wer von uns beiden war im Vorteil, wer von uns zufriedener? War ich es, deren Reichtum innere Erfüllung war, oder sie, deren Reichtum materielle Befriedigung hieß? Gespürt wird immer nach INNEN. Befriedigung im Außen (Materiellen) kann schnell verblassen, man scheint sich daran zu gewöhnen. Spuren hinterlassen wir durch unser Tun und selten nur durch unser Haben.

Mantra: Ich allein bin mein kreativer Schöpfer und werde den Zugang zu meinen verborgenen Talenten finden. Ich werde mir Unterstützung holen, wenn ich allein nicht weiterkomme, um mich und meine Richtung aufzuspüren. Ich halte weder mir noch der Welt länger vor, was mir bestimmt ist.

Finden wir uns niemals gegen unseren Willen mit etwas ab, wenn jede Alternative besser sein würde. Natürlich kann man sich auch an das Schlechteste gewöhnen, doch das ist zu gewöhnlich! Permanente Unzufriedenheit ist doch der beste Beweis dafür, dass etwas gegen und nicht für uns läuft. MÜSSEN ist Pflicht ohne Lust (ausgenommen alle Alltagspflichten); und außerhalb dieser gibt es ein Leben, das mit persönlicher Wunscherfüllung und Verwirklichung unserer

Träume zu tun hat. Gehen Sie bereits einer Berufung/Leidenschaft nach? Arbeiten ... wird man jemals in einem Job so gut sein wie jene, die sich zu derselben Aufgabe berufen fühlen? Was treibt uns an – Geld oder Erfüllung?

Was der Mangel des einen, wird die Fülle des anderen sein. Was nützt ein pralles Konto, wenn die Seele nicht zur Ruhe kommt? Würde morgen unser Sozialstaat keine Unterstützung mehr leisten – der Anteil der arbeitenden Bevölkerung stiege mit Sicherheit rapide an! Wer gezwungen wäre, einen Plan B (Unabhängigkeit) zu entwerfen, um selbst für seinen Unterhalt zu sorgen, schaffte das auch, wenn es Plan A (Abhängigkeit) nicht mehr gäbe. Ich bin mir sicher, dass auf vielen Sofas große Talente vor sich hin schlummern. Wären diese Menschen zur Eigenverantwortung genötigt, entwickelten sich ungeahnte Kräfte. (Ausnahmen bleiben natürlich schwer psychisch und körperlich beeinträchtigte Personen, für die Plan A noch immer überlebenswichtig wäre.) Auch ich musste durch Überzeugung und Begeisterung punkten, denn Ausbildungen hatte ich keine. Menschen häuten sich im Laufe ihres Lebens, und wie steht's um den geistigen Relaunch? Wer von Ihnen gibt seine Arbeitszeit für etwas her, für das er sich sinnvoll einbringen darf? Ich kenne beide Seiten, dadurch auch Höhen und Tiefen. Ich nahm Jobs an, nur um Geld zu haben, und ich träumte weiterhin von der Verwirklichung meiner Talente (schreiben; malen; einrichten). Es mangelte zu lange am Know-how der Umsetzung. Bis der Sprung ins kalte Wasser kam, nach der Auflösung einer Abteilung nebst kleiner Abfindung. Hopp oder top, wenn das kein Zeichen war! Und auf einmal forschte ich nach Möglichkeiten, suchte Gespräche mit anderen Existenzgründern und ging zum Amt. Ich musste die

Ketten der Festanstellung sprengen, die monatliche Sicherheit aufgeben, die mir diktierte, mit wie vielen Extras ich am Dreißigsten des Monats noch hätte rechnen können.

Natürlich gibt es keine Sicherheiten, und wir bekommen ständig mit, dass Menschen von heute auf morgen entlassen werden. Für einige das Ende, sie fühlen sich gelähmt und impotent, für andere die große Chance – wie auch bei mir! Ich wünsche mir mehr Unterstützung für Menschen, die in Starre verfallen und denen die Courage fehlt, sich ganz neu zu erfinden. Die Krux dabei: Sie stehen eigentlich schon mittendrin im Neuanfang, nachdem das Alte unfreiwillig weggebrochen und aufgelöst wurde.

Der Traum, sein eigener Chef zu sein, schlummert in vielen. Doch mit was soll man sich selbständig machen? Und wie? Ist die Zeit schon reif, oder ist man zu alt? Hat man die Nerven, die es braucht? Braucht man ein großes Budget? Die Antwort weist den Weg!

Doch bitte fragen Sie sich auch zunächst OB, bevor es an das WIE geht. Beim »Ob« entscheiden Sie allein, beim »Wie« gibt's Unterstützung. Solange nicht der letzte Mensch auf Erden endlich tut, wozu er (sich) berufen (fühlt) ist, liegt noch ein langer Weg vor uns, eine glückliche Gesellschaft zu schaffen. Wie viel traut man sich zu? Erst wenn wir gezwungen werden, erkennen wir, wie viel wir wirklich meistern können. Und so sind Schicksale oft große Chancen, auf die uns manch Tragödie erst hinweisen muss. Wie würden wir je herausfinden, ob wir nicht siegen könnten, sich nicht doch die richtigen Türen öffneten, wenn wir die Chancen immer gleich mit Risiken verbinden? Dann doch lieber weiterhin drei Viertel des Tages für eine Tätigkeit aufbringen, die uns mehr nimmt (Energie) als gibt (Anerkennung, Erfolg)?

Viele Fallen stellen wir uns selbst, im Grunde nichts als festgefahrene Muster: »Ich kann das nicht! Ich tauge dazu nicht! Ich traue mir das niemals zu! Wer bin ich schon? Ich habe scheinbar das, was ich verdiene!« Wer sagt, was du verdient hast? Denken wir endlich um. Wer am Alten festhält, kann nichts Neues erwarten! Benutzen wir andere Programme und entschlacken wir Prophezeiungen, die überholt und wenig dienlich sind! Passen wir sie dem an, was wir heute sind: Erwachsene und wertvolle Persönlichkeiten! Schluss mit der Annahme, dass zu viel Arbeit uns belastet – eher ist es der Mangel: an nicht erfüllenden Aufgaben.

Nach Feierabend

Zurück zum Rendezvous mit uns. Die Arbeit am Tage hatte wenig mit uns zu tun, und trotzdem schalten wir selbst nach Feierabend noch nicht ab. Arbeitssucht ist eine noch nicht anerkannte Krankheit, die auf Kontrollverlust basiert. Was ist das für ein ziemlich eintöniges Leben, das sich nur um Arbeit dreht, während die, in dessen Dienst wir stehen, vielleicht gerade im Theater sitzen oder genüsslich dinieren. Solange wir unter Strom stehen, bemerken wir noch nicht einmal die Müdigkeit, es bleibt ja keine Zeit dafür. Wir könnten kurz vor einem Nervenzusammenbruch stehen, unter Schlafstörungen leiden, wir würden noch immer nichts ändern. Wir werden doch gebraucht, wie könnten wir jetzt ausruhen, statt nützlich zu sein? Wie brauchbar wir noch sind, wenn wir zusammenbrechen und der Arzt uns krankschreibt, muss nicht erwähnt werden.

Was machen Sie an Ihrem Feierabend? Komisches Wort, denn mit Feiern hat es wirklich nichts zu tun. Hirn aus und Mattscheibe an? So sieht es wohl in vielen Haushalten aus. Auf Knopfdruck ins Leben der anderen. Als Voyeure, Schaulustige und Spanner rufen wir Formate auf, für die wir uns sogar ein bisschen schämen. Soaps und Skandalberichte sowie Promi- und Wohnzimmergeschichten. Faszinierend, dieser Magnetismus, obwohl die Formate uns nichts lehren und eher leer zurücklassen. TV-Diät könnte das Stichwort sein, denn berieseln lassen könnte in Zukunft auch anders gehen. Schnappen Sie sich doch selbst eine Kamera und ziehen Sie ein paar Runden um die Häuser. Entdecken Sie durchs Objektiv Ihre Gegend ganz neu und halten Sie fest, was Sie erstaunt.

Medien, Fernsehen, Musik

Das Thema Medien möchte ich noch ein bisschen vertiefen. Welchen Einfluss die Medien besonders auf Heranwachsende mitten in der Wachstums- und Findungsphase haben, mitten im Reifeprozess, das erleben besonders Eltern. Und noch mehr jene, die immer weniger Zeit haben, die äußeren Einflüsse ihrer Kinder zu »überwachen«. Wann endlich nutzen Medien ihre Macht der Erreichbarkeit aus und beeinflussen ihre (jungen) Zuschauer durch mehr Bildungs- und spannende Wissensformate? Die schlauesten Gimmicks werden am laufenden Fließband erfunden, technischer Fortschritt kennt kein Ende, doch wem geht es neben Gewinn auch um Wissen? Wissen ist Macht!

Ich wünsche mir sehr, dass junge Menschen mehr Mitspracherecht bei Formaten bekommen und dass sie Lust auf eigene haben – nämlich draußen vor der Tür! Ich fordere bessere Drehbücher für Menschen, die eines Tages unser Land führen. Ich wünsche mir mehr »Wissen macht Ah!«-Formate, die es verstehen, Spannung und Wissen geistreich und mit Witz zu transportieren! Traut man uns nicht mehr zu als das dargebotene Niveau? Würden die Menschen weniger fernsehen, gäbe es im Ernstfall nur noch Bildungs- und Wissensformate? Gerade die gebührenfinanzierten Rundfunkhäuser sollten sich wieder den Bildungsauftrag auf die Fahnen schreiben.

Hören Sie Musik? Mich beseelt sie und wirkt auf meine Stimmung. Sie bringt mich zum Tanzen, ihre Texte regen zum Nachdenken an, die Rhythmen lassen mich schweben. Musik lässt abschalten und verführen, lässt sehnsüchteln und träumen – und vor allem erinnern, weinen und lachen. Ein Leben ohne Musik, ohne einen Zugang zur großen Vielfalt ist für mich undenkbar.

Welchen Stellenwert hat Musik, haben Klänge für Sie? Und welche Stilrichtung hören oder brauchen Sie zu welchem Anlass? Setzen Sie wieder öfter Musik ein in Ihrem Alltag, gerade wenn Sie sich gestresst und abgekämpft fühlen. Sie vertreibt schlechte Gedanken und bewegt uns im wahrsten Sinne des Wortes, sie ist in vielfacher Hinsicht besser als Medizin.

Innere Fülle, Geld und Reichtum

Innere Fülle

Wer in Fülle (innere) lebt, schenkt ohne Erwartung einer Gegenleistung. Wer nur im Außen reich ist, lässt schwerer los, weil er sich über die Fülle seines Besitzes definiert. Etwas abzugeben, und dann noch für andere? Solange das Schenken die Herzebene nicht erreicht, bleibt es beim bloßen Geben. Geiz ist häufiger im Reichtum zu finden als in Armut. Am Ende ist ein geiziger Reicher natürlich ärmer als jener, der großzügigen Herzens trotz weniger Besitz schenkt. Er muss der Überzeugung sein, dass alles reichen wird. Wer gibt, tritt in den Kreislauf des Gebens und Nehmens ein. Wer gern gibt, schenkt des Gebens willen, frei von Erwartungen – eine besondere Form der Freiheit. Der freudige Ausdruck des anderen kann bereits genug Dank und mehr wert sein als ein Wort.

Natürlich wurden wir erzogen, uns anständig zu verhalten, stets bitte (Geben) und danke (Nehmen) zu sagen. Ob es immer echt ist, mag ich bezweifeln. Schenken hat eine tiefere emotionale Bedeutung. Geben ist seliger denn nehmen? Zumindest scheint es manchen einfacher. Als Nehmender sind wir im Mittelpunkt, überlegen, wie wir reagieren, selbst wenn es nicht gefällt. Und zusätzlich geraten wir noch unter Druck, weil wir schon an den Gegenzug denken. Das alles hat dann einen Hauch von »Tauschgeschäft«, im Grund künstlich erzeugter Stress. Schenken hat viele Gesichter – dem einen fällt das Materielle leichter, der andere verschenkt Ideelles: Zeit, Aufmerksamkeit, Fürsorge, Ideen etc. Wer selbstlos und in Liebe schenkt, wird oft ganz unerwartet von anderer Stelle ebenfalls beschenkt. Das Leben ist im Fluss und im ständigen Prozess von Geben und Nehmen. Jeden Tag sind wir im Tausch und Austausch mit anderen. Wie wundervoll!

Geld

Beim Thema Fülle geht es auch um finanzielle Freiheit. Das Verhältnis zu Geld – für die einen eher eine flüchtige Affäre, für andere eine innige Bindung. Fragen Sie sich, wie wohl sich Geld bei Ihnen fühlen muss. Wenn Sie Geld in der Hand halten, wie fühlt es sich an? Ist Ihr Umgang wertschätzend genug, damit das Geld auch gern zu Ihnen zurückkommt?

Ich kenne die Vorwürfe gegen andere, die immer mehr Geld in den Taschen haben, obwohl man selbst doch viel mehr schuftet. Stopp! Wir wollen keinen Neid mehr und noch weniger uns vergleichen mit anderen. Natürlich nervt es, sich beim Shoppen bremsen zu müssen, wo wir schon mal was gefunden haben. Dann verfluchen wir, was wir gern hätten, aber nicht da ist – ein volles Konto. Und wir zerknüllen den letzten Schein im Portemonnaie und berühren mit etwas Ekel ein paar »schmutzige« Geldmünzen. Aber wie soll etwas zu uns finden, wenn wir es als abstoßend empfinden? Wären wir gern selbst ein Schein in unserer Börse? Gutes gedeiht auf gutem Nährboden, in diesem Falle ist das Portemonnaie gemeint.

Verfluchen wir niemals das, was wir uns wünschen! Wenn wir hadern, ändern wir den Umstand nicht. Wir träumen von Geld in Hülle und Fülle, doch behandeln die Scheine wie Klopapier? Eine falsche Einstellung zu Geld beißt sich mit schwarzen Zahlen auf dem Konto.

Aufgabe: Der Bequemlichkeit trotzen und eine Zeitlang den bargeldlosen Verkehr einstellen, um wieder ein Gefühl, eine Verbindung zu Geld aufzunehmen. Wie wäre es mit einem »Taler-Nest«? Stellen wir uns vor, wir wären ein 100-Euro-Schein. In welchem Portemonnaie würden wir gern stecken? Wie wäre es mit einem silbernen oder goldenen, den Farben des Wohlstandes?

Kleine Geld-Kunde

- Stellen Sie Ihre Tasche nicht auf den Boden, wo jemand sie mit Füßen treten könnte.
- Der Zustand eines Portemonnaies spiegelt die Finanzen.
- Benutzen Sie Kreditkarten nur im Notfall, weil »fremdes« Geld uns in Versuchung führt, Schulden zu machen.
- Talismane in der Geldbörse haben sich bewährt, zum Beispiel eine Kaffeebohne.
- Wenn Sie Geld aus der Hand geben, lassen Sie es dankend los und freuen sich gedanklich bereits auf ein Wiedersehen.
- Geben Sie Scheine mit der Brücke nach oben, damit sie über diese zu Ihnen zurückfinden.

Mantra: Geld ist wundervoll! Es ermöglicht mir, Papier und Metall gegen Waren zu tauschen und mir Wünsche zu erfüllen. »Geld, ich mag dich sehr! Ich freu mich, dass du zu mir kommst – am besten bringst du alle deine Freunde mit!«

Schluss mit dem Schimpfen über das »verdammte« Geld. Es ist doch ein ständiges Kommen und Gehen. Am besten ist es, wenn mehr kommt als geht, aber das haben wir zum Teil in der Hand. Manchmal arbeiten wir dafür, manchmal wird es uns geschenkt. Und meine Tochter findet es ständig auf der Straße. Aus welcher Richtung es plötzlich kommt, entzieht sich unserem Wissen. Wichtig ist nur, zu verinnerlichen (darauf zu vertrauen), dass wir keinen Mangel mehr haben werden. Wir sollten nicht einmal mehr den Begriff benutzen! Wir bestellen, was wir brauchen. Manches hat seinen Preis, und manches seinen Wert. Wie sich Geldsorgen anfühlen, wissen wir. Es fühlt sich furchtbar an und macht uns Sorgen. Es kann uns sogar krank machen, wenn wir uns reinsteigern in das, was wir alles verlieren könnten, wenn wir nicht genügend Geld bekommen. Was passiert wohl, wenn wir uns diesem Druck entziehen? Unsere Sorgen sorgen dafür, dass sie uns treu zur Seite stehen, solange wir uns auf sie konzentrieren. Nun ist es an der Zeit, den Fokus auf das zu lenken, was ab sofort in unsere Nähe soll. Wir haben nichts zu verlieren – ganz im Gegenteil!

Was der liebe Gott vom Geld hält,
kann man an den Leuten sehen,
denen er es gibt.
(Peter Bamm)

Gehen Sie sparsam mit sich um, achten Sie auf Qualität oder reicht Ihnen billig und ausreichend? »Ich brauche das nicht. Ich komme mit ganz wenig aus.« Klar kommen wir klar, doch ist klarkommen, sich abgefunden und arrangiert zu haben unser Bestreben? Wir brauchen tatsächlich nicht viel, doch das wenige sollte vom Besten sein – gerade gut genug für uns, denn unser Wert bleibt unbezahlbar.

Wie spontan sind Sie, um Neues zu entdecken? Wie viel wird vom Verstand bestimmt, und wie viel Einfluss nimmt unsere Seele, die Hüterin unserer wahren Sehnsüchte? Wie viel lassen wir passieren (passiv) und wie viel passieren wir selbst (aktiv)?

Reichtum

Reicher Mann und armer Mann
stauden da und sah'n sich an.
Und der Arme sagte bleich:
»Wär' ich nicht arm, wärst du nicht reich.«
(Bertolt Brecht)

Sind Sie reich? Reich an Erinnerungen, Erfahrungen, Abenteuern, Freunden, Träumen, Phantasien, Sehnsüchten oder an Materiellem? In unserer Vorstellung ist alles möglich. Wir können alles sein, alles erleben und alles haben. Seien Sie, was immer Sie wollen, doch versuchen Sie, es auch im wahren Leben zu sein. »Das Leben ist kein Wunschkonzert!« Kennen Sie den Satz? Streichen Sie ihn! »Die Welt ist doch kein Zuckerschlecken!« Ebenfalls streichen! Negativismen entzaubern uns nur. Gibt es wirklich keine Wolke sieben mehr, und hängt der Himmel auch nie voller Geigen? Ein Hoch auf alle Optimisten und Visionäre dieser Welt, sie zeigen uns, dass man noch fliegen kann!

Der Luxus der Unabhängigkeit, der Luxus, wählen zu können: Sushi de luxe oder Pommes vom Discounter, Kino am Familientag oder Theaterkarten 1. Reihe. Ab einer gewissen Summe auf dem Konto verliert sich jedenfalls die

Ansicht über Reichtum. Und die Pommes schmecken auch nicht besser.

Geld, Ruhm und Erfolg sind die größten Magneten in einer Welt, in der man außen glänzt wie ein Tresor voller Diamanten. Doch die Welt der Schönen und Reichen hat es oft in sich. Plötzlich sind Raritäten nicht mehr die exportierten Weine, es sind die Freundschaften, die sich bewähren, wenn das Konto in die roten Zahlen rutscht. Erfolg macht sexy. Kann man sich davon auch Liebe kaufen? Was nützt das teuerste Auto, wenn man einsam hinterm Steuer sitzt? Allein in seiner Villa haust? Seine Kinder durch Bodyguards beschützen lässt? Für wen? Wie sehr in diesem Augenblick nicht wenige Menschen ihr Geld verfluchen, weil wir es nicht gegen wahre Werte tauschen können. Wenn unsere Reise endet, spielen Brillis am Knopfloch keine Rolle mehr. Krankheit und Alter holen die Menschen von ihrem sozialen Status herunter auf Augenhöhe mit denen, von denen man zuvor nichts wissen wollte. Woran wird sich ein Kaiser in seiner letzten Stunde erinnern und woran der Bettelmann?

Wirklich reich ist nicht, wer mehr hat, als er braucht,
sondern wer mehr gibt, als er besitzt.
(Thomas Möginger)

Wahre Fülle und nachhaltigen Reichtum erschaffen wir von innen nach außen. Erfolg *folgt* auf etwas, in der Regel auf die richtige Einstellung. Wo wir andere mehr schätzen als uns selbst, werden wir heimlich zu Neidern und Beneidern.

Liebe und Partnerschaft

Liebe, das Allheilmittel

Raubt uns der Alltag die letzten Reserven? Immer mehr Bereiche des Lebens (vorrangig der private) fallen Stress und Überforderung zum Opfer. Wo tanken wir auf? Als Mutter könnte ich sagen: beim Anblick lachender Kinder, was unbezahlbar ist. Als Liebende sagen wir: beim Anblick unseres Liebsten.

Liebe ist der attraktivste Muntermacher überhaupt! Kein Weg scheint uns zu weit, kein Anruf zu spät. Verliebte sind so kreativ, das Herz schlägt höher, an Schlaf ist schon mal gar nicht gedacht. Faszinierend, was Liebende so alles auf die Beine stellen, was sie aushecken, sich schreiben und sagen, ständig unter Strom, zwei sich gegenseitig befruchtende Aktionsbündel.

Keine Kompromisse

»Man muss halt Kompromisse machen!« Kennen Sie diesen Satz, in dem immer auch Resignation mitschwingt. Ich habe diesen Satz noch nie verwendet, erst recht nicht in der Liebe. Liebende denken bei Entscheidung doch automatisch auch an ihren Partner oder beziehen diesen in eigene Wünsche und Planungen ein, vor allem aber tun sie es gern. Wünschen wir uns nicht genau das? Jemanden an unserer

Seite, das Glück im Doppelpack. Ich nenne es Rücksicht, nicht Kompromiss, das klingt nicht nach Verzicht. In einer harmonischen Beziehung soll es doch genau so sein: sich aufeinander beziehen und einander einbeziehen, sich vertrauen und berücksichtigen. Und dabei immer wieder den »Kompromiss« unterstreichen? Wie anstrengend für den anderen, der langsam das Gefühl bekommt, er sei es wohl nicht wert. Vielleicht dann doch lieber allein bleiben, wenn die Partnerschaft so viele Opfer fordert? Am Ende gibt das Gefühl von Verzicht statt Fülle reichlich Auskunft über die Intensität der Beziehung und dient als Messlatte für das eigene Gefühl, das wohl nicht stark genug ist.

Strengen Kompromisse Sie an? Halten sie Sie ab von etwas, das Ihnen wichtig ist? Wie ähnlich ticken Sie und Ihr Partner, wenn ständig über Kompromisse diskutiert wird und Sie sich gegenseitige Vorhaltungen machen? Ab wann sollte man ernsthaft über seine Beziehung nachdenken und lieber die Reißleine ziehen?

Mal ehrlich, haben Sie je einem Menschen, für den Sie Feuer und Flamme waren, die »Opfer«, die Sie brachten, auf die Nase gebunden? In Beziehungen gilt es, den anderen zu stärken und nicht zu schwächen. Ist das wirklich so schwer?

»Ich habe dies und das für dich getan, nun kannst auch du für mich das Gleiche tun.« Wer rechnet denn auf, wenn es um Liebe geht? Partnerschaft ist hauptsächlich mit Freude, Spaß und Lust verbunden. Mit Auseinandersetzungen und Reibungen auch, doch sollten diese stets auf Augenhöhe stattfinden und dem Wachstum der Beziehung dienen. Wenn wir endlich bekommen, was wir uns wünschen, sollten wir es nicht fahrlässig zerreden.

Das eigene Ziel

Als Single kennt man diese Phasen, in denen die Sehnsucht nach einem Partner immens groß ist. Doch was ist es genau, wonach wir uns sehnen? Wie klar ist unser Bild davon, welcher Typ zu uns passt, was wir erwarten und was auch wir bereit sind zu geben? Können wir uns wirklich öffnen und uns auf jemanden einlassen? Sind unsere Baustellen verarbeitet, damit keine Altlasten die neue Liebe belasten? Welche Motivation steht hinter dem Wunsch, sich neu binden zu wollen? Versprechen Sie sich das Ende der Einsamkeit und Langeweile? Bestimmt wird es aufregend, besonders in der ersten Phase. Doch irgendwann kann auch die rosarote Brille von der Nase rutschen, und dann? Ernüchterung?

Was dann gesehen wird, ist Realität. Was jetzt verbindet, ob tiefe Gefühle oder ausreichende Gemeinsamkeiten und Interessen, die Basis muss stimmen! Sind wir sicher, ohne Selbstzweifel, brauchen wir den anderen nicht, um eine Leere zu kompensieren, dann ist das schon die halbe Miete. Je mehr wir wissen, was wir wollen, desto weniger werden wir ein Fähnchen im Wind sein, eine Marionette, deren Fäden der andere ziehen kann, um uns herumzuschubsen, zu formen und zu kommandieren. Auf Augenhöhe sein! Natürlich gibt es außergewöhnliche Beziehungskonstrukte, doch waren hier die Rollen der Einzelnen von Anfang an klar. Wir gleichen einander aus und ergänzen uns, doch schnell kristallisiert sich heraus, wer eher führt und wer sich eher führen lässt. Jeder hat seine Vorlieben, toll, wenn sie sich nicht in die Quere kommen. Selbst offene Beziehungen können dann funktionieren, wenn vorher klar darüber kommuniziert wurde. Ich persönlich würde innerlich daran zerbrechen. Dann lieber eine Affäre, da habe ich auch niemanden zu 100 Prozent. Doch jemanden zu teilen, die Fingerabdrücke einer anderen auf der Haut meines Liebsten … lieber will ich eine Partnerschaft, in der die Leidenschaft und Nähe derart intensiv ist, dass das Verlangen nach jemand Drittem überhaupt nicht erst aufkommt, weil man darauf keinen Hunger mehr hat. »Meine Partnerschaft macht mich satt!« – habe ich mal gehört, hat mir gefallen.

Selbstliebe

Wenn Sie vor dem Spiegel stehen, was löst der Anblick in Ihnen aus? WEN erkennen Sie, was nehmen Sie wahr? Betrachten Sie sich gern? Denken Sie, wie wundervoll Sie sind, oder sind Sie noch lange nicht an diesem Punkt? Dann würden Sie es niemals glauben, wenn ein anderer es Ihnen sagte, oder?

Mantra: Ich bin nicht weiter auf der Flucht vor mir und betrachte mich mit den Augen der Liebe. Gesunde Selbstverliebtheit hat nichts mit Egoismus zu tun, sondern mit Selbstwert. Ich bin mir dessen bewusst, dass jemand anders nur an mir lieben kann, was auch ich nicht mehr als Makel empfinde. Ich liebe meine Ecken und Kanten, denn sie sind einzigartig und nicht kopierbar. Sonderbar ist wunderbar! Ich übe mich darin, all das besonders zu betonen, was ich verstecken wollte, weil ich es ablehnte, mich dafür schämte. Ich will mich nicht mehr anstrengen müssen, zu gefallen. Ich bin im Reinen mit mir, es gibt nichts zu verzeihen, außer der Ablehnung meiner selbst. Ich bin ich und kann nie jemand anderer sein. Ich muss nicht an mir schnippeln und nichts verändern lassen, um jemandem zu gefallen. Ich passe zu denen, die mich sehen, wie ich bin. Ein Makel hat etwas mit Haben, niemals etwas mit Sein zu tun.

Aufgabe: Akzeptanz führt zu Gelassenheit auf ganzer Linie. Gibt es eine Steigerung? Wie haben Sie bei Freunden reagiert, die immer wieder auf ihr Äußeres schimpften? Dieses Mal reagieren Sie auf sich selbst.

Es soll uns gutgehen! Und wenn es das tut, profitieren auch andere davon. Von uns geht alles aus, nicht von den anderen. Wir brauchen innere Stabilität, was nützt es uns, wenn unser Wohl von jenen abhängt, die unklar mit sich sind? Wie könnten wir auch anderen etwas Gutes geben, wenn wir es uns selbst nicht gönnen? Wissen wir denn überhaupt, was gut für uns wäre, was wir brauchen?

Besonders Mütter sagen gern, es ginge ihnen gut, solange (weil) es den Kindern gutgeht. Reicht das aus? Den Kindern geht es in Wahrheit am besten, wenn es auch den Eltern gutgeht, denn sie sorgen für die häusliche Atmosphäre. Sind wir positive Stimmungsmacher, schaffen wir den Kindern eine sichere Basis und ein harmonisches Zuhause? Würden Sie sich als Vorbild bezeichnen? Wie weit kommunizieren Sie schlechte Tage und miese Launen? Weder Erwachsene noch Kinder sind immer gut drauf, nur sollten Erwachsene gelernt haben, sich im Griff zu haben, mit sich selbst die Stimmung auszumachen und sie nicht zu übertragen oder gar laut und cholerisch zu werden, denn das macht Kindern Angst. Wir sind schon viel größer und stärker als sie, doch nun auch noch viel lauter? Wir dürfen gerne sagen, dass wir traurig oder wütend sind, auch wenn wir die Gründe den Kindern nicht auf die Nase binden müssen oder zumindest kindgerecht verpacken sollten. Wie könnten sie schon reagieren?

Authentizität schult auch die Intuition unserer Kinder, es macht keinen Sinn, ihnen etwas vorzumachen, denn die Atmosphäre im Hause ist nicht schönzureden und doch spürbar. Auch wenn gerade niemand da ist, mit dem wir uns austauschen könnten, unsere Kinder sind es nicht. Sie sind weder unsere Freunde noch unsere Partner oder Therapeuten. Sie haben bereits ihre eigenen kleinen Baustellen und sind bereits mit eigenen Problemen (Schule, Freunde) konfrontiert. Wir sind da, sie liebevoll zu führen und anzuleiten, sie zu sichern, unbeschwerten und glücklichen Persönlichkeiten zu erziehen, auch wenn sie eigene Anteile bereits mitbringen, so dass wir uns von einigen Vorstellungen leider verabschieden müssen.

Aufgabe: Machen Sie Ihre Sorgen nicht zu denen Ihrer Kinder. Sie sollen wissen, dass nicht jeden Tag die Sonne scheint und dass sie jederzeit mit allem zu Ihnen kommen können – doch bitte nicht umgekehrt! Wie viel Lebenserfahrung bringen sie schon mit, um uns Ratschläge zu geben? Und für Kuscheleinheiten müssen sie auch nicht herhalten. Kuscheln ja, aber nicht aus einem persönlichen Mangel heraus.

Selbstliebe ist kein Egoismus im klassischen Sinne, eher ist sie »gesunder Optimismus«. Reine Egoisten manipulieren andere ausschließlich zum eigenen Vorteil – das Gegenteil von Verantwortung, wobei die Folgen des eigenen Handelns auch für das Gemeinwohl bedacht wird. Sich um sein

Wohlergehen zu kümmern, hat nichts mit Egoismus zu tun, sondern mit der Erhaltung des Selbstwertes. Wir geben uns für andere hin, doch wir geben uns niemals für sie auf.

Auf der Festplatte des Unterbewusstseins schlummert alles Erlebte, ob bewusst oder unbewusst wahrgenommen. Das Verborgene bewahrt auch tiefste Sehnsüchte, Erfahrungen, Verdrängungen, Muster, Glaubenssätze und Programme für uns auf. Tauchen wir niemals hinab in die Tiefe, leben wir losgelöst von einem Teil unserer Seele und können ihr doch nicht entkommen. Manchmal drängt Schlummerndes an die Oberfläche und verknüpft sich, ausgelöst durch Situationen oder Verhalten anderer, die uns den Spiegel vorhalten. Wer kommt schon drauf, dass das im Kontext zu Unterdrücktem stehen könnte, solange er nicht weiß, was überhaupt alles unterdrückt wurde.

»Alles Quatsch!« oder »Alles gut!« höre ich oft und frage mich, ob das alles nur dem Selbstschutz dient. Wer etwas ablehnt, muss sich damit nicht befassen. Punkt. Und wer sich einredet, alles sei gut, muss ebenfalls nicht hinschauen. Doch ein Lächeln spiegelt noch keinen glücklichen Menschen. Was immer wir auflösen, es wird am Ende ein Gewinn auf ganzer Linie sein.

In einem gesunden Körper wohnt eine gesunde Seele. Erkrankt der Körper, so ist die Seele schon zuvor erkrankt. Das eine sehen wir, das andere fühlen wir. Der Körper macht deutlich, was in ihm (uns) vorgeht.

Aufgabe: Mischen Sie sich unter Menschen, gehen Sie in volle Cafés und werden Sie einfach mal nur zum Beobachter. Welche Menschen strahlen was aus? Was an ihnen wirkt anziehend, was abstoßend und warum wirkt jemand ganz neutral auf Sie? Versuchen Sie, die Faszination, die von jemandem ausgeht, näher zu deuten.

»Ich liebe mich!« Können Sie das über Ihre Lippen bringen? Fällt es Ihnen eher schwer oder ganz leicht? Warum? Es ist wichtig, das Verhältnis zu sich selbst zu verstehen, wir können nicht mal eben unsere Koffer packen und uns in den Wind schießen. Wenn ich sage, holen Sie das Beste aus sich raus, was könnte das sein? Und was ist das Besondere an Ihnen? Sie sollten es wissen, um nicht überrascht zu sein, wenn ein anderer darauf stößt.

Was wir denken und fühlen, senden und empfangen, ist ziemlich aussagekräftig. Sind wir Durchschnitt oder de luxe? Die Reise zu unserem wahren Kern, zu darin verborgenen Schätzen, Mustern und Programmen, die uns das Leben oftmals schwer machen, ist spannend, effektiv und verfolgt ein klares Ziel, Ihr neues Mantra: »Ich liebe mich – mit allem, was mich ausmacht! So, wie ich bin, so soll ich sein!«

Man kann natürlich noch an seinen Eigenschaften feilen, auch Einstellungen und Verhaltensweisen ändern sich noch, doch die Persönlichkeit steht. Und entweder sie passt zu einer anderen Person oder nicht. Doch immer wird es Menschen geben, die genau auf uns gewartet haben und wir auf sie.

Frage: Wären Sie Ihr eigener Ratgeber, was würden Sie sich derzeit raten? Wären Sie Ihr eigener Coach, in welche Richtung würden Sie sich motivieren?

Aufgabe: Setzen Sie sich gegenüber einem leeren Stuhl hin. Auf diesem stellen Sie sich nacheinander Freunde, Kollegen und auch Sie vor. Stellen Sie sich vor, sie sitzen Ihnen gegenüber und hören Ihnen zu. Werden Sie los, was Ihnen lange schon auf dem Herzen lag. Und seien Sie gewiss, dass diese Übung Auswirkungen haben wird.

Zweite Aufgabe: Schreiben Sie auf alle Spiegel, die in Ihrer Wohnung hängen: »Ich bin wundervoll!« Fangen Sie noch heute damit an – oder verteilen Sie kleine Botschaften in allen Räumen, als kämen sie von einem heimlichen Verehrer. Wie verändert sich Ihr Gefühl gegenüber sich selbst nach kurzer Zeit?

Verliebe dich in dich selbst,
dann kann es auch ein anderer!

Wie oft ich diesen Spruch schon irgendwo gelesen habe. Doch in der Tat ist Selbstliebe (Summe aus Selbstwertgefühl und Selbstbewusstsein) wie Magie und ziemlich anziehend! Doch noch mal: Selbstliebe hat nichts mit »Einbildung« und »Arroganz« zu tun, denn Selbstliebe hat nichts von Überheblichkeit, eher ist sie von innerer Sicherheit und Stärke gekrönt. Nicht prahlen, sondern strahlen, so das Motto der Selbstliebe!

Jedem Anfang wohnt ein Zauber inne

Je bewusster wir uns auf jemand Neues einlassen, desto verständnisvoller oft das Miteinander. Wir haben genügend Lektionen des Lebens abgeschlossen und (hoffentlich) eine Menge gelernt, von dem wir endlich profitieren dürfen. Wenn wir das Gefühl nicht haben, dass die neue Partnerschaft ein Gewinn für beide Seiten ist, dann schwingt die Waage nicht im Einklang. Entbehren wir? Erfüllt der Partner nur gewisse Zwecke?

Am Anfang war der Flirt. Und dann? Irgendetwas haben Sie in einem anderen erkannt, es zog Sie an, und war es nur ein Hauch von sexueller Attraktion. Und so endet das eine Paar im Bett, und das andere verliert sich wieder in der Magie des Augenblicks.

Lassen wir uns zu Beginn einer neuen Liebe viel mehr Zeit, einander genauer kennenzulernen. Die erste Zeit ist sehr sensibel, zerbrechlich wie ein zartes Pflänzchen, dessen Wurzeln noch schwach sind. Wo liegen die Schnittmengen, wie viel Spaß macht die geistige, emotionale und körperliche Annäherung? Welche Erwartungshaltungen und Ziele für die Zukunft haben Sie? Wie ähnlich ticken Sie bei Wertvorstellungen?

Je intensiver die ersten Monate, desto schneller löst bald Durchschnittlichkeit die Magie des Beginns ab. Warum denn alles überstürzen, statt sich leise und langsam ganz dosiert zu nähern? Was hetzt uns, dass wir das volle Programm auffahren und unsere Trumpfkarten so schnell verspielen? Genießen wir den Zauber so lange wie möglich, was besser gelingt, wenn wir auch mal Pause machen. Dieses sich Sehnen, die Vorfreude aufs Wiedersehen, das nährt uns.

Es ist immer tragisch, wenn sich Anziehungskraft und Verliebtheit so schnell wieder verziehen, wie sie einen überfallen haben. Erst verliert man sich im anderen und irgendwann sich selbst, weil man nicht mehr für immer bleiben will, doch nach der erste Runde schon verschwinden? Woran die meisten Paare wohl scheitern, ist die Kommunikation, entweder sie stellen sie ein oder sprechen die ganze Zeit aneinander vorbei. Das Verschweigen darüber, was in uns vorgeht, zieht sich oft so lange hin, bis der eine das Schweigen bricht und – ausbricht. Im besten Fall aber hat man jetzt, wo man am seidenen Faden hängt, zum ersten Mal richtig gesprochen.

Info: Es gibt vier Phasen der Anziehung zwischen dem Kennenlernen und dem Beginn einer Partnerschaft. Die Reihenfolge der Phasen ist geschlechtsabhängig. Bei der Frau beginnt die Anziehung mit der geistigen Phase, geht über die emotionale hin zu körperlicher Anziehung und schließlich zu seelischer Verbundenheit. Auch der Mann durchläuft alle Phasen, doch eben in anderer Reihenfolge: Zuerst kommt die körperliche, dann die emotionale und zu guter Letzt die geistige Phase der Anziehung. Aus Anziehung wird Verbundenheit. Es heißt, um bis zum Status »Partnerschaft« zu kommen, müssen beide alle Phasen durchlaufen haben. Bleiben sie in einer stecken, finden sie sich unmöglich im selben Ziel wieder.

Ich kann das alles nachvollziehen, warum ich mitmache, wenn es darum geht, sich viel mehr Zeit zu nehmen, um sich einander zu zähmen (vertraut zu machen) und gemeinsam etwas zu erleben, bevor man JA zum gemeinsamen Weg sagt.

Von Anfang an ist Kommunikation das A und O. Wollen wir einen Kurztrip oder eine lange Reise an der Seite des anderen? Am liebsten sogar bis ans Ende unserer Tage? Dann brauchen wir keinen Partner, der uns einfach so zugelaufen ist und der nichts anderes als sehr gut küssen kann.

Jede Partnerschaft beginnt bei null. Das Konto ist eröffnet, es gibt weder rote noch schwarze Zahlen. Im Vertrauen, dass wir dieses Mal den passenden Partner gefunden haben, füllen wir das Konto mit allem, was wir nun erleben. Und bitte: keinen Vergleich, weder zum vorigen Partner noch zur vorigen Beziehung. Beides ist Vergangenheit, und natürlich wird es immer anders gewesen sein. Doch Sie wären noch bei ihm, wenn alles gepasst hätte.

Geben Sie der neuen Liebe eine Chance! Die Erfahrungen, die Sie zuvor gemacht haben, stehen in keinem Zusammenhang zum neuen Partner. Gestern ist vorbei und abgeschlossen – und hoffentlich verstanden und verarbeitet. An Ihrer Seite ist ein Mensch, der ebenfalls ein Leben vor Ihnen hatte. Und auch er wäre nicht an Ihrer Seite, wenn alles rundgelaufen wäre. Entdecken Sie ausschließlich das Besondere aneinander, das Wertvolle, das deutlich macht, wie glücklich Sie sich schätzen können. Macken haben wir alle, doch es geht darum, jemanden zu stärken und ihm nicht die Schwächen vor Augen zu halten, die kennt er selbst. Gefühle hin oder her, peu à peu entblättern wir den anderen, bis sein Gesamtpaket geöffnet ist. Passt es noch immer, je tiefer wir blicken? Wie gehen wir mit seiner Lebensanschauung, seiner Haltung, seinen Zielen und Visionen um? Decken sich unsere Einstellungen zu Geld, Musik, Erotik und mehr?

Seien Sie zurückhaltend bei jemandem, der noch mitten

in seinen Baustellen steckt. Frisch getrennt? Frisch geschieden? Kind erkrankt? Eltern gestorben? Insolvent oder Job verloren? Wer Themen noch nicht abgeschlossen hat, wird kaum die Kraft haben, sich zu 100 Prozent auf eine neue Beziehung einzulassen. Selbst wenn er sich das zutraut und es noch so gerne wünscht, überrannt ist von seinen Gefühlen zu Ihnen, sollten Sie sich darauf einstellen, nicht immer die Nummer eins zu sein, wenn er mal wieder zu einer seiner Baustellen muss.

Will man sich mit jemandem nur zerstreuen, sucht man eher das Vergnügen und die Ablenkung, sollte man das ehrlich kommunizieren oder den anderen deutlich spüren lassen. Es gibt auch Anfänge, die kurz vor der nächsten intensiven Phase eine Pause machen müssen. Man liebt sich, es liegt nicht am Gefühl, doch das Timing ist falsch, man hat noch viel zu viel zu klären. Gut, break! Man muss sich ja nicht aus den Augen verlieren – was zusammengehört, kann sich in der Regel nicht verlieren!

Für die Miesen unserer Vergangenheit ist der neue Mensch in unserem Leben nicht verantwortlich. Die Geschichte einer Beziehung beginnt immer im gemeinsamen Jetzt. Was halten wir uns noch im Gestern auf, wenn es der Partnerschaft nicht dienlich ist? Es kommt genügend auf uns zu, vermischen und vermehren wir es nicht mit Sachen, die abgeschlossen sind. Und eines ist doch klar, dass wir dem anderen – und er uns – auch unsere Schatten spiegeln werden. Es liegt genügend Arbeit vor uns, da ist kein Raum für ständige Rückblicke. Wer vertraut, entblättert sich, macht sich nackt und sichtbar mit allem, was ihn ausmacht – den Narben der Vergangenheit und der Hornhaut der Erfahrungen. Aber gelebt und geliebt wird immer nur in eine Richtung – nach vorn!

Erkennen, ob es Liebe ist

Wo Liebe und Freundschaft blühen, schwindet die Angst vor Auseinandersetzungen. Im Gegenteil ermutigt ein respekt- und liebevoller Umgang, offen über seine Gefühle zu sprechen und seine Sorgen nicht herunterzuschlucken. Tiefe und gewachsene Verbundenheit ist ein Gewinn, ihr Wesen ist hell und freundlich. Liebe ist, gemeinsam jeden Berg erklimmen zu können, jeden Ozean zu durchschwimmen, auf Grund zu stoßen und zwischen Wolken fliegen zu können. Liebe ist Freude, Lachen, Phantasie! Liebe ist Balsam für die Seele, sie ist das beste Vitamin, das uns am schnellsten strahlend und genesen macht. Liebe ist Kribbeln, Heilung und das Gegenteil von Angst. Woran erkennen wir, dass es Liebe ist? Wir wachsen über uns hinaus und sind darauf bedacht, dass sich der andere besonders in unserer Nähe wohl fühlt und nicht fliehen will. Wir spüren etwas im Körper, das unvergleichlich ist. Wenn es warm ist, dann bejaht die Seele diese Verbindung.

Wenn etwas oder jemand Sie berührt, wie tief kann die Berührung gehen? Und wo spüren Sie diese am meisten? Hände sind Werkzeuge mit Seele, denn durch die Fingerkuppen kann sich die Energie des einen auf den anderen übertragen. Je intensiver das Gefühl für jemanden, desto schärfer die Wahrnehmung jeder noch so flüchtigen Berührung. Hungrige Körper, triebgesteuert, sich ineinander festbeißend, nicht lösen könnend und sich gierig einen Weg bis in die unendlichen Schluchten bahnend – wer einmal Leidenschaft genossen hat, wird nicht mehr drauf verzichten wollen. Ging es um Technik oder um das Gefühl, das Sie in einen Rausch versetzte? Das Beste am Sich-gehen-lassen-Können ist wohl die Auflösung jeglicher körperlicher Komplexe. Hat man diesen Zustand vollkommener Verschmelzung erst erreicht, verblassen Raum und Zeit. Der Kopf spielt keine Rolle mehr. Das ist wie eine Droge, die uns süchtig macht, nur dass wir unser Leben nicht aufs Spiel setzen.

Liebe hat mit Loslassen zu tun – dem Gegenteil von Festhalten, Klammern und Kontrollzwang. Wir ketten einander nicht an, denn wir besitzen einander nicht. Eine Umarmung soll keine Fesselung sein, sie ist Ausdruck von Zuneigung, Geborgenheit und Schutz.

Sex

Vertrauen ist die Basis, die dafür sorgt, sich fallen lassen zu können, ohne Angst zu haben, fallen gelassen zu werden! Wenn Bauch und Kopf zu gleichen Teilen grünes Licht geben, geht es auf Entdeckungsreise, hinein in ein zweisames Leben, hinab in die Tiefen der Seele des anderen, und natürlich auch weiter in die eigenen.

Partnerschaft ist Freundschaft plus Sex. Und Sex ist wichtig – man setzt die rosarote Brille auf, die beflügelt und vergessen lässt, was alles nebensächlich ist. Nähe und Verschmelzung genießen – wer regt sich schon direkt nach einem heißen Akt über die offene Klobrille auf? Beseelte, zufriedene und besonders befriedigte Menschen betrachten die Welt um sich herum mit anderen Augen, sind noch im Rausch der letzten Stunden und bedecken alles mit einem Schleier der Entzückung. Beflügelt sind sie noch von dem, was sie erlebt haben, und davon wollen sie mehr! Streit um Nichtigkeiten? Bloß nicht, das Leben ist schön! Genießen wir diese Phase, sie füllt unseren Tank, den wir in schlechten Zeiten anzapfen.

Kein Ort auf dieser Welt scheint sicherer und wohliger als die innige Umarmung des Partners. Sie ist so kraft- und wärmespendend. Sich zu umarmen ist wie Liebe machen ohne Sex. Sex hingegen beinhaltet noch keine Liebe, doch wer Liebe macht, hat immer auch besonderen Sex, weil man hier nicht mit Stellungen punktet, sondern mit Gefühlen. Wir alle kennen wohl den Unterschied. Wenn die Chemie nach einem ersten Mal – und gern nach dem gemeinsamen Erwachen – noch da ist, dann schmecken Küsse einfach anders.

Zungenküsse – ein Tanz der Sinne, und für Frauen symbolisiert die Zunge des Mannes oft einen Phallus. Erahnt man nicht beim Küssen schon die Technik des anderen? Oh, wie verräterisch ein Kuss sein kann … Miteinander zu verschmelzen, sich trotzdem dabei nicht zu verlieren, sich im anderen wiederzufinden … wer sich nach dem Koitus leer und unbefriedigt fühlt, sollte sich überlegen, ob der Sex ausbaufähig ist oder eher vergebliche Liebesmüh – Körper passen zusammen, oder sie tun es nicht. Man kann sich riechen, oder eben nicht! Und eines ist klar – wir können den besten Sex mit jemandem gehabt haben, sein Herz haben wir deshalb nicht zwangsläufig erobert. Man kann sich nicht so einfach in das Herz eines anderen reiten. Höchstens wecken wir die Lust auf eine Wiederholung.

Perfektionismus

Niemand ist perfekt. Perfektion ist eine Wertung, die es meiner Ansicht nach nicht geben sollte. Perfektion ist nicht messbar, ist ein falscher Anspruch an sich selbst und entsteht erst im Vergleich mit anderen. Woher kommt der Drang nach Perfektion, und wie kann man sich überhaupt untereinander (miteinander) vergleichen wollen? In welchen Bereichen schreien die Menschen nach »Perfektion«? Mit wem wollen wir uns messen? Haben wir Vorbilder? Sehen sie besser aus als wir, oder haben sie mehr Erfolg im Beruf oder Glück in der Liebe? Für wen sollten wir uns ändern, wenn nicht für uns selbst, weil wir glücklicher werden wollen? Models haben keinen Kummer, keine Sorgen? Natürlich! Schönheit öffnet Türen, doch sie schützt weder vor Krankheiten noch vor Liebeskummer oder anderen Sorgen.

Wer Zwängen unterliegt, immer mehr, besser, schöner, erfolgreicher zu sein, muss uns doch vorkommen wie ein Gefangener. Nie frei von Druck sein zu können, geschweige denn zur Ruhe kommen zu können muss furchtbar belastend sein.

Schönheit ist gleich Beliebtheit und Erfolg, will uns die Werbung suggerieren? LÜGE! Und erinnern wir uns an die Schulzeit, wissen wir doch noch, dass nicht die Typen in den trendigsten Klamotten die Beliebtesten waren, sondern die mit Coolness, Schlauheit und Humor.

Partnerschaft

Partner sollten nicht wie Ärzte sein, die ständig an Ihnen herumdoktern und aufweisen, was falsch, krank oder sonderbar (statt wunderbar) am anderen ist. Wer sind wir, dass wir werten, urteilen und jemanden verändern wollen? Unser Gegenüber ist kein Zufall! Wer den anderen sich passend machen will, verliert am Ende mehr, als er gewonnen hat.

Wahre Liebe, tiefe Verbundenheit und echte Freundschaft weisen nicht auf Schwächen hin, ihre Medizin ist es, zu stärken. Liebe ist der beste Wirkstoff, der in keiner Pille steckt. Und trotzdem scheint man irgendwann vergessen zu haben, dass man sich geliebt hat und was den Partner doch so einzigartig macht. Ist der Beginn einer Beziehung nicht auch das Versprechen von Rücksicht, Vorsicht und Nachsicht? Und doch hat man sich mit den Jahren leise voneinander entfernt, weil man weder Zeit noch Gespräche oder Auszeiten hatte, um die Partnerschaft stabil zu halten.

Geht es nur noch bergab? Wo ist die Schnittmenge von einst geblieben? Jeder macht Fehler, wir sind keine Maschinen. Manchmal ist es auch so: Ein ganzes Leben lang stecken wir fest in unseren eigenen Schuhen und in unserer eigenen Haut, in der wir uns nicht immer wohl fühlen.

Mantra: Ich lasse mich fallen und vertraue darauf, nicht fallen gelassen zu werden. Und erst recht zeige ich dem anderen meine Liebe, wenn er selbst meint, es gerade am wenigsten verdient zu haben.

Was macht eigentlich glückliche Paare aus, was ist wohl ihr Rezept? Mit Sicherheit besteht es aus Zusammenhalt, Vertrauen, Loyalität, Vergebung, Respekt und Achtung. Klingt nach einer umfangreichen Menüfolge, die eigentlich ganz selbstverständlich sein sollte. Überhaupt ist mein Credo: »Alle für einen und einer für alle.« In Anbetracht steigender Scheidungsraten (43 Prozent im Jahr 2014) frage ich mich, wie viele Eheversprechen nach nur kurzer Zeit bereits an Wert verlieren? Sich zu beschwören in guten Zeiten ist einfacher, als das Gleiche in schlechten zu tun. Wer würde es sich doch noch einmal überlegen, wenn vorher klar gewesen wäre, welche Stürme es später zu bewältigen gibt? Die wahre Liebe ist verbindlich. Wann lohnt es sich, zu kämpfen und nicht aufzugeben, und wann ist es besser, einander ziehen zu lassen? Wie lange erträgt man die Unzufriedenheit über die Gegenwart des anderen? Wann scheint die Arbeit an der Beziehung eher aussichtslos? Reicht die Rohheit körperlicher Gewalt, oder ist die seelische Verletzung schlimmer?

Wie viele Paare kriegen noch Herzklopfen und Lust, den anderen auch nach Jahren der Routine im Alltag liebe- und lustvoll in den Arm zu nehmen? Kennen Sie Paare, die sich noch nach Jahren des Zusammenseins richtig aufeinander freuen?

Wort, Tat, Gefühl – das Wort klingt, das Gefühl beweist, die Tat überzeugt.

Wenn eine Partnerschaft gerade nicht in Höchstform ist, die großen Gefühle füreinander nicht mehr jeden Tag beteuert werden, helfen gemeinsame Interessen, darüber hinaus in Verbindung zu bleiben. Will einer von beiden aber seinen Horizont erweitern, ist neugierig und offen für neue Themen, und sucht der andere hingegen wenig Freude außer-

179

halb des heimischen Sofas, dann verflüchtigt sich unweigerlich die Nähe. Kurz denkt man vielleicht über Trennung nach, doch kostet das nur Zeit und Nerven. Gibt man sich jetzt einfach ab oder die Beziehung in Kürze auf? Willkommen im Teufelskreis! Manche Partnerschaften brauchen kleine Rituale, und wenn es nur die Stunde Nähe am Abend ist, in der man sich spürt, nur schweigt oder von seinem Tag berichtet.

Beziehungsarbeit

Lange und vor allem glückliche Beziehungen sind ein Bestreben und das Ergebnis konsequenter und liebevoller Arbeit an sich und der Partnerschaft. Beziehungsarbeit ist freiwillig und ehrenamtlich, ihr Lohn sind die wertvollen Früchte nach erfolgreicher Ernte, wenn wir gute Saat gestreut haben. Und daher sollte ihre Pflege niemals vernachlässigt werden. In einer Single-Hochburg wie in meiner Stadt Hamburg gibt es noch immer viel zu viele »arbeitslose« Herzen! Ich wünsche mir, dass wir einander endlich mehr begegnen und uns finden!

Aufgabe: Sind Sie liiert, zaubern Sie aus Ihrem Schlafzimmer doch ein Schlaraffenland! Ein Refugium der Zweisamkeit, der Verführung, Nähe, Sinnlichkeit. Fernseher und Computer haben in diesem Raum nichts zu suchen – gerne aber Kerzen, Öle und Musik. Das Schlafzimmer muss Lust bereiten, es zu betreten und dort Intimität zu leben. Hier begegnen Sie einander in den wertvollsten Stunden.

Wissen, was man erwartet

Ist eine Beziehung zäh wie Kaugummi geworden, wird die Reißfestigkeit in Frage gestellt. Kommen Schweigen und Anschuldigungen hinzu und verliert sich jegliche Wertschätzung, hört man schon den Gnadenschuss und quält sich durch die letzten Meter bis zum Ende. Natürlich kann es sein, dass dort, wo noch gestritten wird, wo man dem anderen Frust und Leid entgegenschreit und auf einmal allem Angestauten Luft machen will, noch große Gefühle im Spiel sind. Oft klingt das Schreien nämlich nach unterdrückter Enttäuschung, dass man es nun so weit brachte. Schlimmer wäre Gleichgültigkeit und Resignation. Wo noch Gefühl im Spiel ist, da flammt ein Fünkchen Hoffnung auf, da könnten Herzen wieder Händchen halten, wenn man direkt mit Paararbeit beginnt! Sich schweigend zu verlieren ist oft grausamer als jedes Wortgefecht, das eigentlich ganz klärend und erfrischend ist und durch welches wertvolle und unterdrückte Informationen und Emotionen endlich mal an die Oberfläche gelangen und ausgesprochen werden.

Mantra: Ich weiß genau, was ich von einer Partnerschaft erwarte. Und ich weiß auch, was ich bereit bin zu geben.

Aufgabe: Bitte genau aufschreiben, was für Sie eine gute Partnerschaft ausmacht. Am besten jeder für sich, und danach werden die Zettel getauscht. Doch machen Sie das nicht in aller Eile, sondern schaffen Sie sich den Raum dazu. Abends, in Ruhe, bei einem Gläschen Wein zum Beispiel.

Auch ich habe etwas aufgeschrieben. Und ich widme diesen

Brief der Liebe:

Lieber Partner, liebe große Liebe!
Bitte finde mich! Lass mich spüren, was es heißt, mein
Pendant gefunden zu haben! Musst du weh tun, liebe
Liebe? Menschen hungern wegen dir, sie verletzen sich
wegen dir oder weil sie denken, dass du sie im Stich ge-
lassen hast. Nein, falsch ausgedrückt … Was ist es, das
ich nicht in Worte fassen kann? Du bist die stärkste
Macht der Welt, du, liebe Liebe, mit der man alles über-
winden kann, solange du echt und aufrichtig empfun-
den wirst! Mach, dass sich die Richtigen finden, erken-
nen, schätzen und lieben, damit sie deine Macht und
dein Wesen endlich erfahren und verbreiten dürfen!
Die Welt braucht noch viel mehr von dir. Gerade ver-
liebte Menschen sind glückliche Menschen, das tut der
Energie der Welt gut! Ich habe viel an mir gearbeitet
und bin endlich bereit, mich auf die letzte Geschichte
meines Lebens einzulassen!

Mantra: Danke, dass mein nächster Partner bereits auf dem
Weg zu mir ist. Danke für die unendliche Liebe, die ich erfahren und erleben werde. Ich weiß genau, wer ich bin und
wen ich brauche, um eine glückliche Beziehung zu führen.
Und natürlich weiß ich auch um meine Schwächen. Ich
weiß genau, ob ich die gleichen auch bei meinem Partner
akzeptieren kann oder ob in diesem Punkt noch etwas Arbeit vor mir liegt.

Aufgabe: Warum nicht ein Profil auf einer Single-Börse anlegen und so die Möglichkeiten erweitern, Menschen zu begegnen? Nicht mehr, nicht weniger. Einfach nur mal wieder ein paar lyrische Duftnoten versprühen. Es geht nicht gleich um Liebe, es geht erst einmal um ein besonderes Date. Neue Begegnungen können tolle Inspirationen sein. Bis dahin einfach mal herausfinden, ob das Suchen oder Finden spannender ist, Hauptsache, ohne Krampf sich gelassen unter Millionen anderer Singles mischen. Natürlich ist der Kick per Klick möglich, anderen passiert es doch auch! Es gibt so viele Erfolgsgeschichten, die die Runde machen, warum nicht eine eigene erleben?

Mit zwanzig haben wir andere Bilder im Kopf als mit Mitte vierzig, was Beziehungen betrifft. Es ändern sich die Themen und Gespräche, man wird vielleicht auch etwas philosophischer. Und man wird sicherlich auch deutlich souveräner, toleranter und gelassener, weil uns so leicht nichts mehr aus unserer Ruhe werfen kann und wir aus Mücken keine Elefanten mehr machen. Im besten Fall wissen wir dann endlich, was wir wollen, weil wir uns in- und auswendig kennen, vor allem unsere Bedürfnisse. Im besten Fall haben wir auch viel geschaffen und Spuren hinterlassen. Wir sind unabhängiger geworden, können aber trotzdem noch mit jemandem gemeinsame Sache machen. Wir sehen die Welt nicht mehr mit Kinderaugen, aber neugierig auf sie bleiben wir hoffentlich weiterhin.

Mantra: Ich liebe niemals jemanden, weil ich ihn brauche, sondern brauche ihn, weil ich ihn liebe. Liebe ist kein Ersatz, eher ist sie ein Zusatz im Leben, von dem ich erfahren habe, wie schön es sein kann. Und diese Schönheit wird jetzt noch erweitert oder mindestens verdoppelt. Geteiltes Glück ist immer doppeltes Glück.

Senden und empfangen in der Partnerschaft

Wie einfach und verständlich alle Theorie ist. Wir wissen es doch ganz genau, wissen es besser und wissen darum auch, wie schwer die Praxis (Umsetzung) ist. Wenn Beziehungen sich ändern sollen, wenn der Partner sich ändern soll, die Freundin, das Kind, dann startet die Veränderung allein bei uns! Wir geben schon das Beste? Vielleicht in unseren Augen, doch mag es der andere ganz anders sehen. Der Partner kann gehen, wenn wir ihm nicht »reichen«, die Kritik der anderen kann uns hilfreich sein, weil es um Menschen geht, die uns ein Leben lang begleiten (könnten).

Doch spüren wir selbst ein Verlangen nach Wandlung, müssen wir aktiv werden. Schluss damit, Kritik zurückzuschießen, an anderen herumzufeilen und ihnen zu diktieren, wie sie sein sollten. Wir sollten lernen, zwischen gut gemeinter Kritik und böswilliger Verletzung zu unterscheiden. Doch unterm Strich gilt: Wir haben die besten Voraussetzungen dafür, Einfluss auf unsere Beziehungen zu nehmen. Die Voraussetzungen sind die (ehrlichen) Gefühle, die wir für jemanden empfinden. Und egal, was wir ändern, wir werden es ausstrahlen. Wenn wir liebevoller und positiver denken, könnte kein Parfum der Welt mehr Anziehung bieten.

Und wo beginnen Sie? Sind Ihnen alle Problemzonen bekannt, die nach Veränderung schreien? Was ist Teil Ihrer Persönlichkeit (Charaktertyp), und was hat eher mit Verhaltensmustern (Aktion–Reaktion) zu tun? Welche Eigenschaften stehen Ihnen selbst im Wege, was nervt Sie besonders an anderen, die Ihnen nahestehen? Bei näherer Betrachtung könnte es sich um dieselben Dinge handeln, die uns bei uns selbst aufstoßen, wenn wir ehrlich sind. Nicht vergessen: Unser Umfeld spiegelt uns. Leider fällt uns vieles bei anderen oft schneller auf. Bitten Sie enge Freunde oder Kollegen mal, Sie ehrlich zu beschreiben. Vorher überlegen Sie, wie diese Personenbeschreibungen wohl ausfallen werden. Womit können Sie (bei sich und bei anderen) getrost weiterleben, was genau schätzen Sie, und was kratzt ständig an Ihrem Nervenkostüm und reibt Sie auf?

Mantra: Was ich heute denke und wie ich heute handle, wird nicht nur mein Morgen beeinflussen. Es wird auch meine Beziehungen verändern. Aktion – Reaktion. Senden – empfangen.

Wie Eltern unsere Beziehungsmuster prägen

Ich glaube zweifelsfrei noch an die letzte große Liebe! Drei Partnerschaften in meinem Leben haben mich positiv geprägt, oft und gern denke ich an sie zurück, ohne deshalb die Vorfreude auf das, was noch kommt, zu vergessen. Im Gegenteil – denn im Morgen wird ein Jemand warten, den ich vielleicht nicht verlassen möchte. Noch schreibe ich dieses Buch als Single und widme vielleicht deshalb der Liebe einen langen Absatz. Um zu erkennen, welches Beuteschema sich wie ein roter Faden durch meine am Ende gescheiterten Beziehungen zog, hatte ich mir endlich Unterstützung geholt. Ich wäre nie darauf gekommen, dass mein Beuteschema bereits durch die Beziehung meiner Eltern untereinander geprägt wurde. Erst heute begreife ich, warum ich lieber woanders als zu Hause war, obwohl meine Freunde wiederum gern bei mir herumhingen. In unserer großen Wohnung mit den goldenen Wasserhähnen und mächtigen Stuckbögen. Am Ende war alles mehr Schein, warum auch Jahre später alles auseinanderbrechen musste. Was nicht authentisch ist, im Grunde nur Fassade, hat überhaupt kein Fundament. Meine Mutter stärkte meine Liebe, mein Vater mein Ego. Zusammen habe ich meine Eltern nicht als Einheit wahrgenommen. Doch mein Vater prägte mich am Ende mehr als meine Mutter. Ich, die Erstgeborene, die ihn bewunderte für seine Schlauheit, aber gleichzeitig sich abgestoßen fühlte vom Bauen ewiger Luftschlösser. Er, der Menschen faszinieren und zugleich abstoßen konnte. Unbewusst zogen mich genau diese Männer später aber an, obwohl mir das Gegenteil mit Sicherheit besser getan hätte. Auch mein Großvater war schon der Typus Mann, den ich heute bewusst nicht mehr an mich heranlassen würde.

Kann Glück ein Dauerzustand sein? Können Dauerzustände überhaupt noch Herzklopfen verursachen, oder wird alles schnell zur Gewohnheit? Und so geht es auf lange Sicht wohl doch eher um Zufriedenheit als um das ständige Ziehen hinterm Brustkorb. Auf Dauer Bäume ausreißen zu können wäre am Ende sogar viel zu anstrengend. Und die Vorstellung, nie wieder Traurigkeit und Schmerz zu fühlen, wäre doch nicht wirklich ein Bestreben, oder? Wir erinnern uns: Schlechte Gefühle und Ereignisse haben immer einen guten Kern, der sich uns zeigt, wenn wir uns vorher ihm gezeigt haben.

Wenn die Zeiger auf Ende stehen

Ein Schreckensmoment ist der, in dem man den Partner anschaut und plötzlich weiß: Nein! Es ist weg, das Gefühl ist weg. Das ist der Augenblick, vor dem sich jeder fürchtet. Natürlich schläft man noch zwei Nächte drüber, doch ändern tut das meistens auch nichts mehr. Nein! Nein! Nein zur Zukunft. Nein zum Träumen. Unwiderruflich nein! Das Todesurteil ist gefällt und wirft seinen Schatten auf alles, was ist und jetzt noch kommt. Kennen Sie das? Wirkte es eher befreiend oder befremdlich und beängstigend? Wo haben Sie das Nein wahrgenommen, im Kopf oder im Bauch?

Man kann auch jemanden lieben, mit dem man nicht zusammenpasst. Und man kann wunderbar mit jemandem matchen, ohne ihn aus tiefster Seele und vollem Herzen zu lieben.

Wann tut man sich zusammen? Wenn es reizvoll ist, sich warm anfühlt, wenn man sich geborgen und aufgehoben fühlt, wenn man den Weg – oder mindestens ein Stück des Weges – gemeinsam mit genau diesem Menschen gehen will. Jemand, mit dem man den geistigen wie auch horizontalen Austausch genießen kann. Wenn die Schnittmenge groß genug ist, man auf Augenhöhe ist und die gleiche Sprache spricht. Bingo, Idealfall! Doch fängt nicht jede Liebesgeschichte so an? Leider nein! Oder zumindest nur jene ganz großen, von denen es im Leben nicht sehr viele gibt.

Ich weiß nicht, wie es manche Frauen anstellen, dass Männer reihenweise auf sie reinfallen. Frauen können hundert Männer täuschen, doch nicht eine einzige Frau. Man sieht ihr schon an der Nasenspitze ihre Berechnung an, doch Mann ist irgendwie erblindet, ist den Waffen der Frau erlegen. Wenn es nicht um Liebe geht, dann geht es immerhin um Geld. Und so lassen sich tatsächlich Frauen auf einen viel zu alten, viel zu unattraktiven und viel zu unpassenden Mann ein. Im Grunde lassen sie sich nicht auf den Mann, sondern auf dessen Geld, Macht und Einfluss ein. Und so findet die Befriedigung stets im Außen statt, bis sich diese Frauen eines Tages nach dem sehnen, was ihre Freundinnen haben: Leidenschaft und Liebe! Und dann verblasst der Schmuck um ihren Hals, und der Rubin am Finger fühlt sich wertlos an. Die äußere Fülle samt schönem Schein brachte am Ende nur innere Leere. Hier ging es um Luxus, für den jedes Mittel recht zu sein schien, auch wenn man dafür seine Seele verkaufte. Nichts verblasst schneller als etwas, das ohne Liebe glänzt.

Wahre Liebe ist wahres Glück, als nichts weniger soll sich die Partnerschaft anfühlen. Wahrhaftigkeit ist nicht zu kaufen, nicht für alles Geld der Welt. Was nützen alle Reichtümer, wenn sie uns nichts versprechen außer dem, was man kaufen kann. Was viele kaufen könnten, mit Einmaligkeit hat das alles nichts zu tun. Und darum geht es doch, im Grunde genau das Gegenteil.

»Sei, wie man dich will, und tu, was man dir sagt, dann bist du liebenswert!« – Ich frage mich, in wie vielen Köpfen Programme wie diese ablaufen. Gefallen, um geliebt zu werden, und um geliebt zu werden, gefallen müssen. Und wird man nicht geliebt, dann war man halt nicht liebenswert genug. Und nun vergessen Sie ganz schnell, was Sie gelesen haben! STOPP! FALSCH! So etwas darf nie wieder gedacht werden, ich hoffe, es sitzt nicht zu tief in jemandem, der solche Aussagen für bare Münze nimmt. Die Wahrheit liegt so weit entfernt davon, nämlich dort, wo jemand auf Sie trifft, der Sie genau so möchte, wie Sie sind, weil Sie sein Deckel, seine zweite Hälfte und seine Ergänzung sind. Genau, Sie! Bitte sich nicht verbiegen und nichts einreden lassen, sich nie mehr klein machen und erniedrigen lassen. Ich bin ganz sicher, dass Menschen tief im Innern spüren, dass es falsch ist, so etwas zu hören zu bekommen.

Jede Seele ist schön! Es mag das Ego sein, das grausam ist, doch nicht die Seele. Wie konnte jemand kommen, und wie konnten Sie zulassen, dass diese Person ihre sadistische Ader an Ihnen auslebt? War das abgesprochen, dann lesen Sie nicht weiter. Wenn nicht, dann bitte ich Sie – passen Sie gut auf sich auf. Niemand auf der ganzen Welt darf Sie kleinmachen, und Sie dürfen das erst recht nicht zulassen! Wer andere kleinmacht, demonstriert damit, dass er nicht anders kann, als den anderen so weit runterzudrücken, wie er selbst klein ist. Ohne seinen Druck hätte er niemals Augenhöhe mit Ihnen!

Thema Untreue. Ja, sie schmerzt. Egal, ob heimlich herausgefunden oder direkt ins Gesicht gesagt. Patsch, die Ohrfeige sitzt. Doch natürlich ist für ihn noch lange nicht Schluss mit Ihnen, das wäre viel zu unbequem, dann fehlt dem Typen neben der Geliebten die Eine fürs Alltägliche, und seine Kinder will er auch gern täglich sehen, und einen Rechtsstreit will er auch umgehen. Ein selten böses Märchen? Leider alles andere als eine Seltenheit. Die Gesellschaft erkrankt, das Zwischenmenschliche erkrankt, und natürlich hat das Auswirkung auf uns alle. Zur Erinnerung: Wir sind alle irgendwie miteinander verbunden. Und außerdem – wer will, dass da draußen nur noch verletzte Menschen herumlaufen, die den Glauben an die Liebe verloren haben?

Haben Sie auch eine Freundin in einer ähnlichen Situation, die ins offene Messer läuft? Sie müssen zusehen, wie sie mehr und mehr zu dem wird, was sie niemals sein wollte: verkümmert, verletzt und verbittert. Alles, was sie hätte vermeiden können, wenn sie Grenzen gezogen hätte.

Wie kann ein Mensch bei jemandem bleiben, der ihn nur erniedrigt? Das sagt viel aus über den Täter, aber auch über sein Opfer. Beide hatten unterschiedliche Vorbilder (Eltern) als Kinder. Wenn sie jetzt nicht voneinander lernen, nicht Grenzen ziehen, wird die Sache grenzenlos gemein. Und trotzdem wird geblieben, es werden nun die Kinder vorgeschoben. Und auch das Haus, das noch nicht abbezahlt ist.

Ich muss an einen Spruch auf einer Karte denken:

> *Frauen verlieben sich erst und merken dann,*
> *dass es der Falsche ist.*
> *Männer versauen erst alles und merken dann,*
> *dass es die Richtige war.*

Damit wären wir wieder bei den Anziehungsphasen. Nicht einfach, wenn jeder auf unterschiedlicher Frequenz schwingt. Was also soll einem die Begegnung mit dem anderen/der anderen sagen? Es kommt nichts zu uns, was nicht irgendetwas zu bedeuten hat.

Mantra: Ich lasse mich nicht auf weniger ein, als ich verdient habe. Ich habe – wie jeder und jede andere auch – das Beste verdient. Wer mich kleinmacht, steht bereits unter mir. Ich lasse das nie wieder zu.

Sich abhängig von der Liebe eines anderen zu machen ist nicht der Weg der Liebe. Und es macht deutlich, was man von sich selbst hält: allein nicht ausreichend zu sein. Doch mit dem anderen *ist* man nicht mehr, man *hat* höchstens mehr! Denn wenn wir uns selbst genug lieben, lassen wir nicht zu, dass uns jemand verletzt. Was und wen wir lieben, das sollten wir beschützen. Hören wir auch auf, uns selbst zu verletzen, indem wir uns nicht erlauben, uns glücklich und groß an der Seite eines anderen zu fühlen.

Eine Partnerschaft zu verlieren kann heißen, sich selbst zurückzugewinnen! Die erste Phase mag anstrengend sein, man wird aus Gewohntem gerissen und fürchtet das, was man nicht kennt. Man hatte sich ja auch eingerichtet und muss nun einen Umzug bewältigen, den man nicht mal richtig planen konnte. Doch wagt man erst einmal und endlich diesen Schritt, wird dieser Mut belohnt. Und während die Zeit die Wunden noch heilt, öffnen sich wahrscheinlich schon die ersten neuen Türen, hinter denen das ersehnte Glück liegt bzw. das, was es dazu braucht: ein paar Lektionen. Trauen Sie es sich zu – worauf warten, wenn Warten bis jetzt nicht erfolgreich war? Wenn wir nichts ändern, ändert sich auch nichts. Simpel, aber clever!

Alternativ zu all dem Stress und Wunsch nach Weglaufen wäre die gemeinsame Paararbeit. Voraussetzung dafür sind natürlich zweierlei: Gefühle und Achtung. Natürlich ist es Arbeit, sich gemeinsam intensiv auseinanderzusetzen, besonders unter Anleitung. Aber wir wissen genau, warum und wann es sich lohnt. Wer das nicht weiß, treibt langsam, aber sicher hinaus aufs weite Meer, heraus aus dem Hafen der Beziehung.

Sein Leben auf Anfang zu setzen, einen Neuanfang zu wagen kann ehrlich und heilend sein. Heilend, weil wir abstoßen, was uns nicht gutgetan hat, und was uns kleiner statt größer machte. Was uns dunkel machte und beschwerte statt hell und leicht. Im Schmerz, in Wut und Trauer sind wir uns besonders nahe, und dort genau beginnt auch unsere Reise – im Bauch des Schmerzes und Verlustes, den wir in einen Bauch voller Schmetterlinge verwandeln wollen.

Es gibt ein Lied von Reinhard Mey, das mich immer wieder aufs Neue berührt. Es handelt von zwei Liebenden, die sich nicht mehr begegnen, obwohl sie anwesend sind, *Wir*:

Es muss noch etwas andres geben,
mehr als das Einsamsein zu zweit,
als Mißversteh'n und Streiten
um Nebensächlichkeiten
als einzige Gemeinsamkeit!

Die Trennung vom Partner, von Haus und Hof ist das eine, doch sind Kinder involviert, bekommt alles eine andere Qualität. Ich kenne nur wenige Elternpaare, die nicht aus verletzter Eitelkeit und gekränktem Ego heraus handeln, was immer zum Nachteil der Kinder ist. Wenn Kinder einen geschützten Rahmen und sicheren Umgang beanspruchen dürfen – dann sollten sie es jetzt, in einer schweren Phase, erst recht! Kinder, die eines Tages als Erwachsene vor uns stehen und uns anklagen für das, was wir ihnen vorgelebt haben: Krieg und Unsachlichkeit. Wie werden sie selbst jemals mit Trennungen umgehen, wenn sie nicht wissen, wie es auch gehen kann? Wir hätten es nämlich besser wissen müssen, und wenn nicht, hätten wir uns Hilfe holen sollen.

Mein Ex und ich trennten uns, weil wir den klassischen Alltag nicht hinbekamen, nicht aus Mangel an Gefühlen. Von Anfang an war klar, dass wir das, was wir gewollt und in Liebe gezeugt hatten, auch in Liebe aufwachsen sehen wollten. Wir sind in diesem Punkt sehr vorbildlich, und wir tauschen uns aus und sehen uns regelmäßig in der Woche. Wenn unsere Tochter eines gewiss mitnimmt, dann das Gefühl, dass wir uns beide um sie kümmern, weil wir sie beide gleichermaßen lieben. Natürlich wäre ein gemeinsames Familienleben eine schöne Sache, doch die beste Alternative war die, die wir gewählt haben. Das ist es uns wert gewesen, Schmerz und Eitelkeiten niemals über unser Kind auszutragen. Wir haben die Verantwortung, aus einem kleinen Menschen einen Heranwachsenden zu machen, der sich niemals dafür verantwortlich fühlen muss, dass Mama und Papa kein Paar mehr sind. Dieses Kopfkino gibt es nicht! Meine Große durfte das leider so nicht erleben.

Wenn Eltern sich trennen

Aushalten müssen – im Zusammenhang mit einer Beziehung ein Greuel! Oft stehen hinter diesem »Müssen« gemeinsame Kinder. Aber auch die Angst vor allem Ungewissen nebst der finanziellen Sorge.

Bleiben wegen der Kinder? Sie lassen sich nicht täuschen und spüren die Scheinwelt genau, die sie umgibt. Es wird sie sogar prägen, weil sie mitten unter ihr leben! Und schon entstehen negative Programme, die ihre Zukunft auch negativ beeinflussen können.

Finanzielle Freiheit könnte man sich schaffen, wenn es einem wirklich ernst ist, auch wenn man seine Ansprüche herunterschrauben muss. Was ist sie einem wert, die neue Freiheit? Was das Ende von Stress und Unzufriedenheit? Kinder brauchen Authentizität, was nicht bedeutet, alles ist stets heile Welt und man bettet sie in Watte. Auch sie sollen lernen, wie Versöhnung nach Streit geht, doch wenn das alles überwiegt, belastet das die kleinen Seelen, die im Wachstum sind. Der Umgang der Eltern untereinander wird sie beeinflussen, ob nun geschrien oder sich permanent aus dem Weg gegangen wird. Was wird ihnen vorgelebt? Welche Bilder bleiben haften? Elternteile leiden zu sehen bereitet Kindern sogar unterschwellig Schmerzen, die sie natürlich nicht heilen können, auch wenn sie sich redlich bemühen wollen. Hinzu kommen Schuldgefühle, die Kinder sich einreden, weil die Eltern ohne sie vielleicht noch glücklich wären. Wie viel Kindheit geht verloren, wenn Kinder sich mit Themen von Erwachsenen abgeben müssen? Die Kindheit soll die Zeit sein, an die man sich sein Leben lang am liebsten erinnert. Unbeschwert, unbekümmert, umsorgt und von zweifelsfreier Liebe getragen. Kinder lehren uns so viel, solange sie nicht als Katalysator für Einsamkeit und andere Motive (Statussymbol) stehen.

Und wie beschreiben Sie selbst Ihre Kindheit? Betrachten Sie sich kurz als Kind – und dann als Mutter, die Sie vielleicht sind.

Glaube, Liebe, Hoffnung. Wie erging es Ihnen, als eine Beziehung zerbrach? Waren Sie der Überzeugung, nicht (mehr) beziehungsfähig zu sein, geschweige denn liebesfähig und liebenswert? Plagten Sie Zweifel, je wieder der Liebe zu begegnen? STOPP! Jeder ist beziehungsfähig, wenn er das richtige Pendant gefunden hat! Doch sucht sich die Liebe am liebsten ein Umfeld, in dem sie wachsen und gedeihen kann. In dem sie so gelebt wird, wie sie sich versteht: als absolutes und reines Gefühl, frei vom Ego.

Frage: Wer und was hat Ihr Bild von Liebe geprägt? Gefällt Ihnen das Bild? Wenn nicht, malen Sie es neu.

Aus Fehlern lernen

Was könnten wir bei der nächsten Beziehung anders machen? Aus welchen Fehlern haben wir gelernt? Lassen Sie uns in den Ring steigen und ihn als stets Liebende und Verstehende, nie als Gegner, wieder verlassen. Ich sprach zuvor vom Sich-Vergleichen mit anderen. Das, was wir gern miteinander vergleichen können, ohne es auszusprechen, ist der Umgang, den wir mit jemandem gewohnt waren, der liebe- und respektvoll mit uns umgegangen ist. Ich kenne leider nur wenige Paare, die ich für ihre Beziehung bewundere. Ich entdecke Dinge, die ich mir abgucke, weil ich sie wertvoll finde, und die tatsächlich einen positiven Einfluss (Effekt) auf mich haben.

Haben Sie derzeit einen Partner, aber beneiden Ihre Singlefreunde mehr, als Sie Ihren eigenen Status schätzen? Fühlen Sie sich nicht mehr gut behandelt oder wertgeschätzt, geschweige denn gesehen? Was hat sich geändert und was sollte sich ändern, damit Sie nicht bereuen?

An dem, wie andere uns behandeln, lesen wir unseren Selbstwert ab. Ist er gering, dann wird eine andere Person ihn nicht unbedingt größer machen, weil er nicht empfindet, was auch Sie nicht ausstrahlen.

Aufgabe: Sich über folgende Fragen im Klaren zu sein ist ungemein wichtig für beglückende Partnerschaften und Freundschaften. Erwarten Sie eigentlich nur, was Sie auch selbst zu geben bereit und wozu Sie in der Lage sind? Deckt sich Ihr Wollen mit Ihrem Können, oder machen Sie das abhängig vom Grad Ihrer Gefühle? In welchem Verhältnis stehen Ihre Freundschaften zu Ihrer Partnerschaft?

Single sein

Sie sind Single, und der Wunsch nach Partnerschaft hat höchste Priorität? Liebe ist die stärkste Macht! Liebe besiegt alles – die Angst, die Schwäche, erst recht den Hass. Doch erst wenn wir selbst die Liebe in uns finden, nicht hungrig nach der Liebe eines anderen lechzen und nicht wie läufige Hündinnen herumlaufen, werden wir jemandem begegnen, der mit uns auf einem Level ist.

Genügen wir uns selbst, wird eine neue Partnerschaft uns wirklich bereichern können. Leere wird sie uns nicht nehmen, warum es wichtig ist, sie uns zunächst einmal selbst zu nehmen. Wer nicht abwarten kann, wird in der Regel ebenso jemanden anziehen, der mit Beziehungen einen Zweck verbindet. Und dabei wünschen wir uns niemanden, der bedürftig ist. Bedürftigkeit bedeutet Mangel: »Ich brauche dich, weil …« Doch eine Partnerschaft wird auf Dauer den Mangel nicht kompensieren können, denn meistens steht er für fehlende Selbstliebe und geringen Selbstwert. Der Partner ist nicht unser Therapeut, der das Übel an der Wurzel packen kann. Lernen Sie jemanden kennen, der Sie berührt, dann haben Sie im besten Falle schon an einigen Themen erfolgreich gearbeitet. Unser Partner ist nicht unser Retter, eher tragen wir unsere Themen an einen Psychiater oder Familienaufsteller heran. Kennen Sie diesen Druck auf dem Brustkorb, wenn Sie das Gefühl haben, jemand ist abhängig von ihnen? Es nimmt Ihnen die Luft zum Atmen. Genauso können Sie auf jemand anderen wirken, wenn …

Der Wunsch ist das eine, die Erfüllung das andere. Und jetzt? Jetzt werden wir aktiv! Und wie? Die neue Liebe weiß noch nicht, dass es Sie gibt. Wir könnten beten, dass uns zufällig einer über den Weg läuft und dabei nicht vergisst, uns anzusprechen. Wir könnten auch unsere Handynummer aufs T-Shirt drucken in der Hoffnung, »er« erkennt darin keine Verarschung. Alles Quatsch! Lassen Sie uns rausgehen und flirten! Zunächst mit möglichst vielen, um mal wieder warm zu werden. Üben Sie zu lächeln, es muss nicht immer ein

Gespräch entstehen. Einfach nur mal Blickkontakt mit fremden Menschen. Keine Zeit? Mit Sicherheit, aber gut, hier kommt die nächste Möglichkeit. Allerdings werden Sie schon etwas Zeit haben müssen, wie könnte man sich sonst für eine Partnerschaft entscheiden wollen? Nichts gedeiht ohne Annäherung, und dafür müssen Sie unweigerlich etwas Zeit abzweigen: Dating-Portale. Der Vorteil ist, nicht warten zu müssen, bis wir angesprochen werden, sondern nach allen Regeln der Kunst Eigeninitiative zeigen zu können, was uns auf freier Wildbahn doch so hemmt.

Virtuelle Streicheleinheiten sollen Zärtlichkeit und Nähe ersetzen und dem Alleinsein ein Schnippchen schlagen? Klar, es ist eine von vielen Optionen, wenn es an Zeit oder Muße mangelt, abends noch mal um die Häuser zu ziehen. Sehnsüchte säen einen boomenden Markt und locken mit unzähligen Angeboten auf Plattformen, um Herzen näherzubringen. So die Hoffnung der Singles – die Hoffnung der Anbieter ist es, sich an unserem Status zu bereichern. Cybersex, Internet-Bordelle, professionelle Kuschelkurse. Die Motive der Unternehmen können uns egal sein, freuen wir uns einfach über Möglichkeiten, potenziellen Partnern zu begegnen.

Will nicht jeder von uns am Ende des Tages in den Armen eines anderen einschlafen? Menschen tragen diese Datinglines per App in ihrer Tasche mit sich herum in der Hoffnung, bald auf den zu stoßen, mit dem Berührungen, Gerüche und Verbundenheit real möglich sind. Niemand kann sich Sinnlichkeit herunterladen, sich höchstens in entsprechenden Foren geil schreiben – bis reale Treffen Projektionen oft wieder im Keim ersticken. Niemals wird der schlaueste Roboter das Pulsieren der Haut, das Kribbeln, den rasenden Herzschlag nachempfinden und ersetzen können.

Wir erreichen einen Punkt der Isolation in einer an Anonymität – trotz Transparenz und schneller Erreichbarkeit – kaum zu (s)toppenden Welt, in der mit »Likes« in sozialen Netzwerken als Aufputschmittel fürs Ego nur so um sich geworfen wird. Gibt es eine Steigerung? Wo und wie lieben wir in zwanzig Jahren?

Auf Berührungen, auf Körperlichkeit, Zärtlichkeit, Nähe und Wärme dürfen wir nicht verzichten, denn das würde das Aussterben der Menschheit bedeuten. Ich muss an die grausamen Experimente in den Sechzigern in Russland denken, in denen Kindern körperliche Nähe und Zuwendung verweigert wurden; trotz ausreichender Nahrung verstarben die meisten – an seelischer Unterernährung!

Die Welt ist wie ein großer Ozean, in dem Milliarden Individuen als Tropfen umherschwimmen. Und jeder Tropfen braucht den anderen, denn nur in der Gemeinschaft leisten alle ihren Beitrag zu einem großen Ganzen, mit all ihren Stärken und Schwächen. Und mit all ihrer – am besten positiven – Energie, die ein Weiterleben unverzichtbar macht.

Ausnahmslos jedes entstandene Wesen ist ein Wunder, wäre es doch nur auch jedes Leben. Wer jemals einem Kind gesagt hat, es sei ungewollt und alles andere als gewünscht gewesen, betreibt in meinen Augen seelischen Totschlag. Es wurde nicht gewollt? Doch jemand Mächtigeres hat es geschaffen! Und dann fragen wir uns noch, welche Programme in einem Mörder abgelaufen sind, die sich durch Kindheit, kriminelle Jugend und vereinsamte Adoleszenz zogen?

Worte können Schwerter sein, dessen Verletzungen ein Leben lang spürbar bleiben, wenn wir uns keine Hilfe holen, um diese Programme (Ursachen) aufzuspüren und aufzulösen. Natürlich können wir verdrängen, was uns Verletzendes in den entscheidenden ersten zehn Jahren unseres Lebens zugestoßen ist. Wir tun das bewusst oder unbewusst. Doch verdrängen ist weglaufen und nicht auflösen, was entscheidend für mehr Lebensqualität gewesen wäre. Wenn die Schwere nicht aus uns weichen will, wie könnten wir uns jemals befreit und leicht fühlen?

Was ist es, was anziehend auf Sie wirkt? Die äußere Erscheinung ist der erste Eindruck, gepaart mit Ausstrahlung steigert das die Aufmerksamkeit. Natürlich wird Ausstrahlung subjektiv empfunden, und solange wir überhaupt auf jemanden wirken, können wir uns freuen, egal, ob zwanzig oder siebenundvierzig Jahre alt. Aber kennen Sie diese »leeren« Menschen, die von jedem übersehen werden? Und kommt man doch mit ihnen ins Gespräch, da hört man sich nur selbst sprechen, weil der andere nichts zu erzählen weiß. Das ist traurig.

Als junges Mädchen faszinierten mich diese Menschen, war ich besessen von der Vorstellung, doch einen Schatz in ihnen zu entdecken. Etwas, das deshalb noch nicht nach draußen strahlt, weil das Licht zu schwach ist und von niemandem gestärkt wurde. Auf mich persönlich wirken Charme und Humor besonders attraktiv. Gepaart mit schönen Augen, eindringlichen Blicken und kräftigen Händen werde ich tatsächlich schwach und fange an zu phantasieren. Am Ende bleibt nicht mehr viel übrig von dem Reiz, weil sich der Mensch nur als Fake entpuppt.

Woran erkennt man Authentizität? Der Mensch ist nicht nur Schein, er ist auch Sein, es decken sich seine Worte mit seinen Taten. Er ist greifbar, und seine Körpersprache wirkt offen und unverkrampft. Und wenn er spricht, dann hält er deinen Blicken stand. Das Tollste: Er muss nicht im Mittelpunkt stehen, um gesehen zu werden.

Ich würde mich so gern mal wieder richtig schön verlieben, und damit bin ich nicht allein, das ist schon klar. Und am besten beruht das Gefühl auf Gegenseitigkeit. Verliebt sich jemand in uns, dann schmeichelt es uns, doch unsere Selbstliebe stärkt und verändert das noch nicht. Komplimente klingen wundervoll, sie streicheln aber nur das Ego und stärken nicht die Liebe. Alle Liebe, die wir von anderen annehmen können, haben wir zuvor in uns selbst erzeugt. Wir können dann erst nachvollziehen, warum uns jemand anders fühlen und begehren kann, wenn wir uns selbst als liebenswerte Wesen sehen. Das ist so einleuchtend!

Ich nenne es »emotionales Verbrechen«, wenn eine Person ihre Profilneurose an einem Schwächeren (Labilen) auslebt, um an ihm ihre Stärke zu demonstrieren. Doch weil das Messen nicht auf Augenhöhe ist, ist genau das ein Zeichen von eindeutiger Schwäche. Schicke zwei Menschen mit gleicher »Gewichtsklasse« in den Ring – das wäre ein gerechter Kampf!

Um unsere Seele vor Verwundungen zu schützen, müssen wir klare Grenzen ziehen und Stopp schreien, wenn jemand mit Beleidigungen vor uns herwedelt. Es gibt einen persönlichen Sicherheitsbereich, den eigenen VIP-Bereich, den man entweder nicht übertreten darf, oder zu dem nicht jeder eingeladen wird. Ich betrachte die Seele als ein zu beschützendes Kind in uns, dem niemand etwas Böses anhaben darf. Wenn jeder das so sähe, müssten wir nie wieder einem »Täter« begegnen, der unsere Würde mit Füßen tritt und mit Respektlosigkeit erniedrigen will, weil er das Gegenteil nie gelernt hat.

Merksatz: Wert-volle Menschen ziehen wert-schätzende Menschen leichter an.

Wissen Sie, was das Gegenteil von Liebe ist?
Angst!

Ich glaube immer noch daran, dass Menschen sich »erkennen«, wenn sie sich begegnen und füreinander wie geschaffen sind. Sind Sie eigentlich eifersüchtig und besitzergreifend? Begriffe, die ebenfalls auf die »Mangel-Liste« kommen. Wir sollten uns niemals genötigt fühlen, jemanden zu kontrollieren oder zu überwachen. Wenn das der Fall ist, ist das Ende der Beziehung eine Frage der Zeit. Bleiben Sie stets der Mensch, um den sich der Partner bemühen sollte, auch wenn Sie es ihm am liebsten so einfach wie möglich machen möchten. Spielen Sie mit Ihren Reizen, verlangt nicht schon unser Wesen (Geschlecht) genau das? Ich liebe es!

Wenn du etwas liebst, lass es los.
Kommt es zurück zu dir, ist es deins,
wenn nicht, ist es das nie gewesen.

Und warum ist es das nicht? Weil jemand anders schon auf Sie wartet und das Schicksal nicht zulassen kann, dass Sie sich mit dem »Falschen« liieren.

Rollenvielfalt

Sosehr sich das Frauen- und Männerbild verändert hat, es sich Entwicklungen und Bedürfnissen anpassen musste, so sehr werden beide Geschlechter einander noch immer brauchen und sich finden wollen, um sich zusammenzutun, um sich ergänzen zu können. Längst sind die Gesprächsthemen um Haushalt und Erziehung gewichen oder zumindest erweitert worden, da frau doch auch was zu erzählen (erleben) hat, von ihrer Arbeit, von Kollegen, Aufgaben und Freunden. Sie traut sich sogar, Wünsche zu äußern und persönliche Ziele umzusetzen. Der Kopf (Verstand) des Mannes und das Herz (Gefühl) der Frau – großes Kino, wo sich glücklich paart, was sich erkannt, gefunden und sich sehen kann. Als sprengte man Chemielabore in die Luft und hörte man Raketen knallen, so darf es sich bei ersten Treffen gerne anfühlen. Man wird dieses Niveau ohnehin nicht auf Dauer halten können, also genießen wir, solange es möglich ist.

Frauen kämpften sich durch Männerdomänen und eroberten ein bedeutendes Fleckchen Erde in dieser Welt: Arbeitsplätze; einige sogar in Führungspositionen. Ich selbst wuchs mit dem neuen Emma-Zeitgeist auf, in dem auch Frauen bewiesen, dass sie besser sind als die eierlegende Wollmilchsau.

Raus aus der Abhängigkeit. Frauen gehören schon lange nicht mehr zum schwächeren Geschlecht, im Gegenteil! Sie gebären nicht nur, sie nähren, sie trösten, heilen, führen und erziehen. Hätte man Frauen nur rechtzeitig gelassen, hätte es nicht nur *eine* Marie Curie und nicht nur *eine* Johanna von Orléans gegeben.

Ich steckte noch nicht in der Pubertät, als ich zum ersten Mal von »Emmas« (Emanzen) hörte. Ich ahnte noch nicht, was in Männern und Familienvätern vor sich ging: die Angst vor dem Wandel der Frau! Angst, als Mann nicht mehr gebraucht und bald ersetzt und ausgestoßen zu werden. Und doch war da ein Unterschied zwischen Emanzen und sich emanzipierenden Frauen. Später hörte ich meinen Vater sagen: »Die Männer müssen sich zurückemanzipieren! Die Weiber schneiden uns die Eier ab!« Blödsinn, Frauen hatten nur endlich den Mut, auch ihre zu zeigen!

Auch ich bin Haupternährerin meiner Kinder, bin aber dankbar für die Unterstützung vom Kindsvater, von Freunden und Großeltern, was die Betreuung angeht. Ich wirke oft hart und stark, doch wer den Blick hinter die Fassade nicht scheut, trifft auf Verletzbarkeit, Emotionalität und Sensibilität. Ich stehe auf Romantik und die alte Schule, wo der Mann die Frau beim ersten Rendezvous noch abholt, ihr die Tür aufhält und sie zum Essen einladen will. Ich genieße es, aus-geführt und später vielleicht noch ver-führt zu werden.

Wollte ich jemals als Selbständige Karriere machen? Ich hatte Angst vor Unregelmäßigkeit, bis ich erkannte, dass genau das mein Weg war. Selbstbestimmt meine Tage zu planen, die Arbeitszeiten festzulegen. Ich wollte auch Zeit für meine Kinder, für Ehrenämter und schöne Unternehmungen haben, und vor allem wollte ich eine wundervolle Partnerschaft. Ich wollte und will noch immer die Teamarbeit, eine Gemeinschaft, wo gemeinsam geschaffen wird – Seite an Seite mit einem Partner. Meinem Partner!

In meinem Umfeld sind intakte Familien Raritäten – Patchwork-Konstrukte sind die Moderne, wenn überhaupt, denn die Mehrheit der Mütter, die ich kenne, ist alleinerziehend mit Single-Status. Sollte sich dieser Status halten, hieße unser Modell fürs Alter: Rudel-WG im XL-Format. Erst ziehen die Kinder aus, dann die sexy Pfleger ein.

Glaube und Spiritualität

Unsere Gedanken sind unser Schicksal.
Jeder von uns denkt seine eigene Wirklichkeit.
Am Ende ist alles nur Illusion.

Zufall? Fügung? Schicksal?

Was auch immer uns auf die Erde geschickt hat, wir könnten einem göttlichen Plan gefolgt sein. Eine Heilerin sagte einmal zu mir: »Gott irrt nie! Er kennt auch keine Strafen. Er schickt uns auf die Erde und möchte von uns lernen. Und egal, was wir tun, er wird uns nicht verlassen!« Die Werke von Donald Walsch, unter anderem *Gespräche mit Gott,* haben Millionen von Lesern berührt. Irgendwo stand auch geschrieben, dass eine Seele mit dem Wunsch, eine bestimmte Erfahrung zu machen, auf die Erde kommt. Sollte sie Selbstlosigkeit erfahren wollen, wird sie möglicherweise im Mangel leben und sich für andere aufopfern. Sie fühlt nur hierin ihren Sinn erfüllt. Warum dann also Menschen zum Umdenken bewegen wollen, wenn ihr Plan doch ein anderer als unserer ist? Was wir beim einen für »verrückt« erklären, ist derart logisch für den anderen. Bleibt nur noch die Frage, welche bestimmte Erfahrung jemand machen wollte, der erniedrigt und geschlagen wird? Unser Verstand kommt da ganz schnell an seine Grenzen, weil die Antworten viel tiefer liegen. Vom Schicksal kennen wir nur das, was wir uns selbst zurechtgelegt haben. Lust auf eine kleine Legende?

Der Inder Bhrigu soll vor ca. 5000 Jahren begonnen haben, das Schicksal von ca. 80 000 Personen aufzuzeichnen und für die Nachwelt zu erhalten. Damit soll er den Grundstock für die »Palmblattbibliotheken« gelegt haben, in denen die Schicksale aller Menschen aufgezeichnet sind, die sich angezogen fühlen, die Bibliotheken zu besuchen.

Glauben und Wissen

Mantra: Glaube und Zuversicht schwächen meine Zweifel! Ich werde beten, denn im Gebet wird die (göttliche) Gegenwart und ein Gegenüber (Gott, Universum) spürbar. Ich kann niemals ins Nichts beten, ein Gebet ist ein stiller Dialog, auch wenn die Antworten nicht aus Worten sind.

Jeder kann mehr sehen, als das bloße Auge erkennt. Wir »sehen« (spüren, nehmen wahr) Stimmungen, fühlen Schwingungen, erleben Telepathie und Déjà-vus. Wie beschränkt, den Glauben lediglich aufs Sehen zu reduzieren statt aufs Wahrnehmen, wenn Wahrnehmung übers Sehen hinausgeht. Ich sehe, also glaube ich? Was ist es, was wir sehen? Schränken wir den Glauben ein, indem wir ihn ans Wissen knüpfen? Denken wir an die Chemie zwischen zwei Menschen – niemand von uns kann sie sehen, doch jeder von uns nimmt sie wahr. Wo und wie wohl Wahrnehmung entsteht? Aufmerksamkeit wäre die nächste Stufe. Auf dem Weg zum selbstbestimmten Ziel werden sich die Türen für Sie öffnen. Meine Gründer-Zeit glich einem Rausch, in dem ich süchtig inhalierte, was ich zu brauchen glaubte. Und ich musste es auch schaffen, denn ich hatte zwar kein Geld investiert, doch auch keinen Plan B in der Tasche. Ich wollte weder Kompromisse noch Alternativen. Und dabei war ich ganz allein, war Single-Mama und ohne Rücklagen. Erfolg wird eben aus Mut und Leidenschaft gemacht. Was hätte als Schlimmstes passieren können?

Seele und Verstand

Der kostbarste Schatz eines Menschen ist die Einmaligkeit seiner Seele. Der Geist hingegen ist die Batterie des Körpers, ohne den der Mensch nicht existieren kann. Der Verstand hat keine Seele und die Seele keinen Verstand. Verstand ist Ego, und das ist bei so vielen Menschen ausgeprägter als die Liebe. Die Seele ist die Wahrheit unseres Wesens. Sie versteht die menschliche Sprache nicht, nicht ihre Begriffe – sie versteht allein Empfindungen. Sie versteht, wenn wir ohne Worte denken, denn sie fängt unsere Gedanken auf. Wenn wir von Unsterblichkeit sprechen, dann von der Unsterblichkeit der Seele, nicht der des Geistes. Nach biblischem Verstand *hat* der Mensch keine Seele, er *ist* eine!

> *Es ist nicht möglich, mit dem Unterbewusstsein*
> *in der Sprache des Verstandes zu kommunizieren.*
> *(Vadim Zeland)*

Egal, wie tief die Seele sitzt, sie ist verletzlich. Und am zerbrechlichsten ist wohl die Kinderseele. In diesem Augenblick ist irgendwo ein Kind, das einen roten Elefanten malt, und ein Erwachsener steht hinter ihm und zeigt ihm, was Wertung (Ego) ist: »Rote Elefanten gibt es nicht! Du hast echt kein Talent!« Dieses Verhalten beweist, wie unfrei er ist. Denn Phantasie und Emotionen brauchen keine Schranken, eher den größten Freiraum überhaupt. Phantasien sind tiefste Bilder, die die Seele durch einen Kanal nach oben schickt. Und nun mischt sich ein Richter ein und fällt ein Urteil über einen kleinen roten Elefanten? Was jetzt passiert, ist folgendes Programm: »Ich bin falsch. Ich habe kein Talent.« Danke, ist gespeichert! Und schon landet das Bild, wohin es nicht gehört: im Müll.

Bestellen, senden und empfangen

Wir sind Magneten, sind Energiekörper mit ungebrochener Strahlkraft. Ziehen wir einander an, entsteht Nähe, lässt der Magnetismus nach, wird auch die Anziehung geschwächt oder lässt gänzlich nach. Bezogen auf einen weiteren Lebensbereich: Sind wir im Job unterfordert, liegen Möglichkeiten, Chancen und Talente in uns brach. Der Verstand sagt: Arbeite! Du musst deine Miete zahlen! – Deine Seele bittet: Du kannst auch Geld durch deine Berufungen verdienen, dann nennst du es nicht Arbeit, sondern Leidenschaft, die auch Geld schafft. Ein Wunsch ist eine Sehnsucht nach etwas, das unser Wohlergehen steigern würde. Der Mensch braucht Erfolgserlebnisse! Was passiert mit einem Wunsch? Es liegt an uns. Bestellen? Die Macht der positiven

Gedanken, des positiven Gefühls und der Überzeugung dabei ersticken am besten alle Zweifel. Zweifelten wir je, ob eine Bestellung aus dem Katalog auch eintreffen würde? Natürlich nicht! Wir wussten, dass sie kommen würde, und genossen die Vorfreude, oder ließen los, warteten ab und wurden plötzlich überrascht. Doch geht es um Bestellungen außerhalb von Katalogen und Geschäften, nämlich um das Universum, können wir im Kleinen schon mal die mentale Kraft üben. Zum Beispiel bei der klassischen Parkplatzsuche. Ihnen sind vielleicht die Bücher von Bärbel Mohr vertraut, darunter gewiss auch der Titel *Reklamationen beim Universum,* in dem wir erfahren, wie ungenau und »falsch« man bestellen kann.

Ich war bereits erfolgreich im Bestellen. 2014 hatte ich immer wieder von der Tapezierung meiner Wohnung geträumt. Doch konnte ich den inneren Schweinehund einfach nicht antreiben. Bis plötzlich schier Unglaubliches geschah: Eines Nachts (perfektes Timing) hatten sich die Deckenplatten meines Wohnzimmers gelöst. Und dann ging alles ziemlich schnell: Was andere gestresst hätte, empfand ich als Geschenk des Himmels. Weil der Dalai Lama in der Stadt war, waren sowohl möblierte Wohnungen in meiner Nähe als auch Hotelzimmer rar – bis auf ein Luxushotelzimmer in meiner Straße, ausgerechnet! Und so lebten wir dort ganze zwei Wochen aus gerade mal drei Koffern und waren unendlich dankbar, während in unserem Zuhause die Deckensanierung sämtlicher Räume auf Hochtouren lief. Es musste auch gestrichen werden, und ich konnte endlich und zusätzlich mein altes Laminat entsorgen.

Als mich eine Freundin in der Hotelhalle besuchte, überreichte sie mir eine Karte mit folgendem Spruch: »Alles wird gut!« Ich musste umgehend das »wird« durch »ist« ersetzen!

Eine weitere Bestellung betraf eine Reise nach Italien. Nur wenige Monate später, nachdem ich mich bereits durch dieses Land phantasierte, ging mein Wunsch in Erfüllung. Ein Puzzleteil hatte an das nächste angedockt, bis das Bild komplett war und ich tatsächlich auf gepackten Koffern saß. Das Spannende daran: Ich fuhr zum ersten Mal allein in den Urlaub, früher schier unvorstellbar für mich. Doch am Ende waren es mit die aufregendsten zwei Wochen meines Lebens, obwohl nur vier Stunden vor Abreise Plan A geplatzt war. Fast der Ohnmacht nahe, stieg ich trotzdem in mein Auto und gab einfach Gas. Mit mir reiste das zweifelsfreie Vertrauen darauf, für den Mut belohnt zu werden, trotz geplatzter Vorbereitungen nicht aufzugeben.

Kennen Sie das auch? Sie planen bis ins kleinste Detail, was Ihnen Sicherheit vermittelt und den Spielraum für Unvorhergesehenes extrem einschränken soll. Bis alles anders kommen muss! Das Schicksal schlägt Ihnen ein Schnippchen, und Sie fühlen die Knüppel zwischen den Beinen. Sollen wir umkehren, weil Plan A nicht »richtig« war oder das Schicksal eine Tragödie von uns abwenden will?

Eines weiß ich sicher, wir trauen uns zu wenig zu. Ich bin voller Dankbarkeit, wenn ich zurück auf meine Reise schaue. Ich lernte nicht nur mich noch besser kennen, ich lernte, dass das Leben uns Chancen und Herausforderungen gibt und es uns zutraut, aus Scheiße Gold zu machen. Und wir mal zeigen können, dass unvorhergesehene Herausforderungen uns nicht gleich aus der Bahn werfen müssen. Plan B liegt längst bereit für uns! Wer zu schnell aufgibt, wird das nie erfahren. Manchmal geht das Glück seinen eigenen Weg, nicht den, den wir zunächst geplant haben.

Unsere Wünsche sind die Vorboten der Fähigkeiten,
die in uns liegen.
(Goethe)

Wenn das Universum Wünsche erfüllt, unterscheidet es nicht zwischen Gut und Schlecht, nicht zwischen Weniger und Mehr und Ja und Nein. Es spürt allein den Fokus, auf den wir etwas richten. Wie gut sollten Wünsche durchdacht sein? Wir sollten aber auch nicht zu leichtsinnig bestellen, denn Wunscherfüllungen können auch in Stress ausarten. Zur selben Zeit ein neuer Job und ein neuer Mann, obwohl die alte Beziehung noch nicht abgeschlossen ist? Eine große Reise, obwohl wir uns gerade in der Probezeit in einem neuen Job befinden?

Wie viel Respekt haben Sie vor echten Herzenswünschen? Nehmen Sie sie ernst, oder schieben Sie sie immer wieder beiseite? Sind Sie nicht bereit für das, was Sie sich wünschen? Muss vorher etwas losgelassen werden?

Wer nur zurückschaut, kann nicht sehen,
was auf ihn zukommt.
(Konfuzius)

Bevor wir gehen

Wäre dieser Tag der letzte Ihres Lebens, wer sind Sie gewesen, wenn Sie diese Welt verlassen? Mit welchem Gepäck reisen Sie weiter in die nächste Dimension? Konnten Sie anderen vergeben, haben Sie genug geliebt? Wie viele Chancen haben Sie verpasst und welche Möglichkeiten nicht ergriffen? Wenn wir für immer gehen müssen, wenn es sich ausgelebt hat, dann sollten wir sagen können: Es ist okay, ich bin müde, ich gebe meinen Platz jetzt gerne an den nächsten ab! Wem würden Sie gern noch etwas mit auf den Weg geben, wenn Ihrer gleich endet? Ganz sicher fällt Ihnen jemand ein. Am besten aber, Sie suchen noch heute das Gespräch, denn der letzte Tag ist Gott sei Dank noch nicht gekommen!

Lassen Sie uns jede Runde, die wir noch drehen können, mit Inbrunst genießen! Was macht dabei ein bisschen Schwindel, wenn wir Lust haben, zu beschleunigen? Wer je in einer Loopingbahn saß, konnte auch nicht aussteigen, doch am Ende hatten wir den Kick. Ich liebe Kicks, sie sind für mich das Salz im Alltagssüppchen.

Wenn wir in die Welt hinausstiefeln, wir uns nicht verschanzen und keine Verstecke (vor möglichen Gefahren) bauen, nicht ständig Vorsichtsmaßnahmen treffen, nicht immer nur Gefahren und Risiken sehen, dann hält das Leben Überraschungen im Überfluss für uns parat. Hat sich nicht jeder von uns schon gewundert über das, was ihm gerade Sonderbares, Unerklärliches und Wunderbares widerfahren ist? Die Couch kann da nicht mithalten Außer Sie glauben an den Nachbarn, der sich ein Ei bei Ihnen ausleiht und sich

Hals über Kopf noch an der Türschwelle in Sie verliebt. Oder daran, dass sich jemand verwählt hat und Sie trotzdem in ein spannendes Gespräch verwickelt, das mit einer Verabredung zum Date endet.

Lassen Sie uns Entdecker sein! Erfinderinnen! Macher! Tänzerinnen! Und lassen Sie uns die Schwere aus uns verbannen, die uns nur noch mehr Schwere anziehen lässt (Resonanzgesetz). Ich weiß, dass Depressionen eine Krankheit sind, aber ich weiß von Menschen, die lernten, mit ihnen zu leben, mit ihnen Frieden zu schließen, sie nicht weiter zu verfluchen, sondern sich mit ihnen zu verbünden. Sie lernten, die dunklen Schatten als festen Bestandteil zu akzeptieren. Sie kommunizieren mit den Depressionen, statt sie als Feind zu sehen. (Ungefähr 16 Millionen Deutsche leiden an Depressionen, in der Regel eine Erkrankung des Gehirnstoffwechsels. Die Dunkelziffer ist natürlich noch viel höher. Eine erschreckende Zahl von psychischen Störungen, weil sie ein Spiegel der Gesellschaft ist.)

Dankbarkeit

Je älter ich werde, desto näher rücken die Schicksalsschläge, desto mehr häufen sich Nachrichten aus dem Freundes- und Bekanntenkreis, die mir die Endlichkeit vor Augen führen. Ich freue mich jeden Morgen, wenn ich die Augen aufmache. Das wäre mir noch vor ein paar Jahren niemals in den Sinn gekommen. Ich lächle in den Tag hinein und wünsche mir nur, dass er mein Lächeln erwidert.

Ich danke für das warme Wasser auf der Haut, das Kissen unterm Kopf, die Decke auf dem Körper, das Essen im Kühlschrank, das Gesundheitssystem, den Frieden in meinem Land. Dankbare Menschen strahlen Zufriedenheit aus. Und glückliche Menschen sind die schönsten Menschen. Ihre Aura beseelt.

Wenn wir schreckhaft daran denken, was alles passieren könnte, falls dieses oder jenes geschieht, dann stecken wir mitten im Verzicht, obwohl doch ein Wunsch da war. Wäre da nur nicht der Kopf, der alles denkt und in Kleinstteile zerlegt. Wir können uns nicht ständig absichern, uns nur zu Hause sicher fühlen, während vor der Tür das Leben mit seinen Angeboten lockt und auf uns wartet. Vertrauen wir doch darauf, dass alles gut sein wird und nichts passiert – außer etwas Wundervolles!

Ich muss an Menschen denken, die einen kleinen oder größeren Unfall nach dem nächsten haben, ob hier einen Sturz oder dort einen Bruch – doch selten wird darüber nachgedacht, wofür das »Ausbremsen« stehen könnte. »Ach was, ich hatte einfach Pech. Wofür soll schon ein Unfall stehen!« Die Antwort klingt bequem, man muss sich nicht auf Spurensuche machen. Doch was geschieht, geschieht nicht ohne Sinn. Warum sollte uns widerfahren, was sinnlos ist? In dem Moment, in dem wir geboren werden, vielleicht sogar schon früher, betreten wir den Kreislauf von Aufgaben und Lehren. Begreifen wir das Leben endlich als eine Zeit voller Botschaften, die es zu entschlüsseln gilt (Schlüsselerlebnisse). Rechts oder links? Für welche Richtung wir uns auch immer entscheiden, sie steht schon fest und ist ein Teil unseres Plans, also hadern wir nicht ständig. Was wäre wenn …

gibt es nicht! Natürlich könnten wir auch schnell wieder die Richtung wechseln, und irgendwann springen wir nur noch im Dreieck, werden immer unsicherer. Wir sind freie Menschen, und niemand kann uns zwingen, gegen unseren Willen zu entscheiden. Wer anders denkt, steckt wahrscheinlich noch in irgendwelchen Fesseln.

Wenn bereits ein Um-Denken unser Leben verändert, wie sehr dann erst ein Um-Handeln! Wenn wir den ganzen Tag lächelnd auf der Couch verbringen, ist das zwar erst mal nicht schlecht, aber wir ziehen dadurch nicht mehr Schwung in unser Leben. Ein Tag auf der Couch tut gut, doch wenn wir den Hintern nicht mehr hochkriegen, dann verschenken wir kostbare Zeit. Was braucht es an Motivation, um wieder hinaus ins Leben zu stiefeln? Sich wieder auf die Reise zu machen, neue Orte zu entdecken und sich dabei selbst immer mehr? Bringen wir uns doch mal öfter in neue Situationen.

Könnten Sie sich in jemanden verlieben, von dem Sie wissen, dass er bald sterben wird? Ich sage JA, denn für mich zählt nicht die Dauer eines Gefühls, sondern das Glück per se, das Geschenk, so tief fühlen und für jemanden empfinden zu dürfen. Und wenn es so weit ist, will ich diejenige gewesen sein, die diesen Menschen bis zu seinem Tode liebte. Auch für ihn ein großes Geschenk.

Das Leben ist schön. Dieser Satz soll jedes Leben betiteln, dann hätten wir es geschafft! Wer das noch niemals sagen konnte, kommt nicht darum herum, herauszufinden, wie es sich anfühlt, warum er etwas ändern sollte. Erst recht, weil glückliche, lachende, liebende, glaubende, zufriedene und ausgeglichene Menschen einen großen Beitrag für die ganze

Welt leisten. Jeder ist mit jedem verbunden. Jeder trägt nicht nur für sich allein Verantwortung. Menschen sind Energie-körper, die schönsten, die es gibt. Machen wir endlich das Beste aus uns!

Ich bat Gott um Weisheit – und Gott gab mir Probleme zu lösen. Ich bat um Stärke – und Gott gab mir Schwie-rigkeiten, um mich stark zu machen. Ich bat um Mut – und Gott gab mir Gefahren, um sie zu bewältigen. Ich bat um Liebe – und Gott gab mir schwierige Leute, um ihnen zu helfen. Ich bat Gott um Gunst – und Gott gab mir Gelegenheit, mich im Alltag zu bewähren. Ich bat um Geduld – und Gott ließ mir im Alltag eigensinnige Menschen in die Quere meiner Laufbahn treten. Ich bat um Demut – und Gott schickte mir Demütigungen, um mich von allem Egoismus zu lösen. Ich bat, im Geistlichen nur noch aus Gnaden leben zu können – und Gott ließ mich ständig in mir zuschanden werden. Ich bekam nicht, was ich wollte, doch bekam ich alles, was ich brauchte. Mein Gebet ist erhört worden.

(Kurt Bigler)

Nachwort

Liebe Leserin, lieber Leser,

hier endet unsere Reise nun. Sie haben es geschafft, und ich ahne, dass Sie voll sind. Hätte ich Sie vorher warnen sollen, dass man dieses Buch sehr leise, gut dosiert und bedächtig lesen sollte?

Ich möchte Ihnen noch ein Letztes mit auf Ihren neuen Weg geben, und mag es auch wie eine Wiederholung klingen: SIE SIND WUNDERVOLL und DAS LEBEN IST SCHÖN! In dem Moment, wo Sie das fühlen, ist Ihre Liebe endlich stärker als Ihr Ego! Und wenn Ihnen mal wieder ein »Arsch-Engel« begegnet, und manchmal sind wir ja selbst einer, der uns das Leben schwer macht, dann verurteilen und werten Sie diesen Menschen nicht. Er ist es, der die Arsch-Karte gezogen hat, gerade Sie auf etwas hinzuweisen. So wird aus dem anfänglichen Arsch am Ende ein Engel, ohne den Sie Bestimmtes nicht gelernt hätten. Werten und verurteilen Sie nichts und niemanden, der Ihr Leben streift! Und vergessen Sie nie das spirituelle Konzept, nachdem alles Handeln – psychisch wie physisch – eine Folge hat. Besser bekannt als Karma.
Wenn Sie mögen, schreiben Sie mir. Lassen Sie mich wissen, wie es sich für Sie anfühlt, Dinge mal anders gemacht zu haben. Wenn es besser werden soll, dann muss es nun mal anders werden. Hören Sie immer gut auf Ihren Bauch, und

schalten Sie den Kopf auch manchmal aus – genauso wie Ihr Smartphone.

Und nun ab in die Fülle – denn Mangel ist das Gegenteil von Zufriedenheit!

Danke!

Ihre Conni Köpp

Dank

Zu guter Letzt mein Dank. Er gilt meinen Freunden und meiner Familie und besonders jenen, die dazu beitragen, diese Welt – und nicht nur meine – ein Stück schöner zu machen.

Constanze Köpp

Aufgeräumt leben

Warum weniger Haben mehr Sein ist

Eine Frischekur für die Wohnung –
und für die Seele

Unsere Wohnungen sind vollgestopft mit Dingen, die uns die Luft zum Atmen nehmen und unser Leben belasten. Diese Erfahrung macht die Wohnberaterin Constanze Köpp tagtäglich. Sie weiß: Nirgendwo lassen sich Träume leichter verwirklichen als in den eigenen vier Wänden. Um zufriedener und glücklicher zu leben, genügt es oft, uns von überflüssigem Ballast zu trennen und in der Wohnung Platz zu schaffen – für uns selbst und für andere.

»Constanze Köpp macht klar:
Wie man wohnt, so lebt man auch.«
DIE WELT

»Constanze Köpp weiß, wie man der Wohnung
eine neue Seele einhaucht.«
NDR